ポイント
図解

生産管理の基本が面白いほどわかる本

田島 悟
中小企業診断士

KADOKAWA

はじめに

日本の製造業の従業員数は、他業種に比べて相対的に低下しつつあります。これだけを見ると、日本の製造業の魅力が薄れているようにも思えます。

しかしもう一方で、日本式のさまざまな改善手法は発展途上国を中心に根強い人気があり、「５Ｓ」などの用語は世界の多くの国で普及しています。「日本の国際競争力は製造業が支えている」という見方もできるのです。

この本では、日本の製造業が培ってきた、生産に関する重要な手法や用語を、初心者でもわかりやすいように解説しました。難しい理論や数式を省き、図やイラストを多用して誰でも直感的に理解できるようにしています。また、ＩｏＴ（Internet of Things：モノのインターネット）、３Ｄプリンター、ビッグデータなども網羅し、今日の世の中のトレンドに対応しています。本書を活用して、多くの読者が製造業全般、生産管理業務全般への理解を深め、製造業や生産管理を好きになっていただければ幸いです。

田島　悟

この本の使い方 1

まずは

生産管理の基礎知識を押さえよう

Q（品質）	C（コスト）	D（納期）
良いものを	**より安く**	**正確に、短期間で**

実現するために行う

「5S」を徹底する

整理（S）、整頓（S）、清掃（S）、清潔（S）、しつけ（S）

「QC７つ道具」を使う

- チェックシート
- 特性要因図
- パレート図
- ヒストグラム
- 散布図
- 管理図
- 層　別

短縮する

- リードタイム
- 段取時間

生　産

- 生産の３M（人、機械、材料）
- 受注生産と見込生産（注文の取り方による分類）
- 個別生産、ロット生産、連続生産（生産形態による分類）
- ISO9000、ISO14000（認証取得にメリットがある国際規格）

➡第１章　生産管理の基本を理解しよう へ

この本の使い方 ❷

次に

生産管理の実務で使う知識を押さえよう

生産計画の立て方を知る

期間別の生産計画
- 大日程計画
- 中日程計画
- 小日程計画

要素別の生産計画
- 手順計画
- 工数計画
- 日程計画

計画作成のもとになるもの
- 基準日程
- 標準時間

→第２章　生産計画について理解しよう へ

生産統制のやり方を知る

進捗管理の手法 ― カムアップシステム・流動数曲線 など

「差立て」 → よく使われる → 作業伝票の種類
作業票　出庫票　移動票　検査票

目で見る管理 ← 生産管理板、納入管理板、出荷管理板

→第３章　生産統制について理解しよう へ

この本の使い方 3

続けて

生産管理の実務で使う知識を押さえよう

材料計画の立て方を知る

- MRP（資材所要量計画）
  - ２種類の部品表（ストラクチャ型、サマリー型）
  - 総所要量と正味所要量
- MRP 以外の方式
  - 製番管理方式

➡第４章　材料計画について理解しよう へ

資材・購買管理と外注管理のやり方を知る

- ここで押さえること
  - 購買管理の５原則
  - さまざまな購買方式
  - 外注管理
  - 発注方式
  - ABC 分析

➡第５章　資材・購買管理と外注管理を理解しよう へ

この本の使い方 4

最後に

生産管理の応用知識を押さえよう

生産管理のいろいろな手法

- IE …… 生産性向上手法
- VE …… 製品コスト削減手法
- サプライチェーンマネジメント
- トヨタ生産方式、かんばん方式
- グループ・テクノロジー
- セル生産
- BTO（Build to Order）

➡第６章　生産管理の各種手法を理解しよう へ

第1章

生産管理の基本を理解しよう

CONTENTS

08 「ＩＳＯ」の内容について理解しよう……50
ＩＳＯ９０００とＩＳＯ１４０００とは何か

Column 1 ビッグデータを製造業で活用する……54

第2章 生産計画について理解しよう

09 生産計画の流れを理解しよう……56
需要予測の方法や生産計画の分類などを押さえる

10 大・中・小日程計画の役割を理解しよう……58
３カ月〜１年、月度、週・日単位の生産計画

11 手順計画の作成方法を理解しよう 62
工程設計とも呼ばれるＱＣＤを最適化する活動

12 基準日程の求め方を理解しよう……66
日程計画作成の基礎となる基準日程とは何か

13 標準時間の設定方法を理解しよう……68
作業者のスキルの差などを調整した作業時間のこと

14 工数計画（負荷計画・余力計画）を立てよう……72
能力と負荷を適切に把握して両者を調整する

Column 2 発注点方式の生産計画とは……74

第3章 生産統制について理解しよう

第4章 材料計画について理解しよう

21 部品の所要量計算のやり方は？………96
総所要量と正味所要量の計算のしくみを理解する

22 製番管理方式とは………100
MRP以外の代表的な生産方式を押さえよう

Column 4 MRPⅡとERPって何だろう？………102

第5章 資材・購買管理と外注管理を理解しよう

23 「購買管理の5原則」を理解しよう………104
製造原価の最大の比率を占める「購買」は重要

24 さまざまな購買方式を理解しよう………108
組織面、価格決定方式、時期と数量による分類とは

25 外注管理について理解しよう………110
外注を利用する目的や内外製区分の決め方とは

26 発注方式の違いを理解しよう………114
定期発注方式、定量発注方式、経済的発注量とは

27 ABC分析を使って重点管理をしよう………120
A・B・Cランクごとに部品の発注方式が異なる

Column 5 VMI（Vendor Managed Inventory）とは何？………122

第6章

生産管理の各種手法を理解しよう

28 「IE」の3つの手法を理解しよう……124
工程分析、タイム・スタディー、マン・マシン・チャート

29 「VE」とは何かを理解しよう……130
製品やサービスの価値を最大化する手法のこと

30 サプライチェーンマネジメントとは……134
SCMの内容とブルウイップ効果について押さえよう

31 BTOとは何かを理解しよう……138
部品の状態で商品をストックし注文が入ると生産

32 トヨタ生産方式を理解しよう……140
ジャストインタイム、ニンベンのついた自働化とは

33 「かんばん方式」を理解しよう……144
生産指示かんばんと引取りかんばんを使って生産

34 グループテクノロジーとは何か……148
多品種少量生産の生産効率をアップさせるためのもの

35 セル生産とは何かを理解しよう……152
1人または数人ですべて組み立てる生産方式のこと

CONTENTS

本文イラスト／さとう有作

※本書は、２００８年12月に当社より刊行された『生産管理の基礎知識が面白いほどわかる本』に大幅な加筆をし、再編集して刊行するものです。

第1章

生産管理の基本を理解しよう

01

「生産管理」とはどのようなものか？

生産管理の分野は、企業によって、また人によってどの範囲までを指すのか異なる場合があります。カバーする業務も広範囲で、関連する部署は、企業のほとんどすべてといってもよいぐらいです。

そのため、定義一つをとってもさまざまなものがありますが、ここでは原点に返って考えてみましょう。

ものづくりの原点は、品質（Quality：良いものを）、コスト（Cost：より安く）、納期（Delivery：正確に、そしてより短期間で）を追求し続けることにあります。

これを実現するために行うのが生産管理です。そして、企業は**人、もの、金、情報**を駆使して**需要予測**を行い、**生産計画**を立て、**生産実施**をし、**生産統制**を

◆ 生産管理の定義

品質 Q (Quality)	コスト C (Cost)	納期 D (Delivery)

↓

最適化をはかる

そのために

人	もの	金	情報
	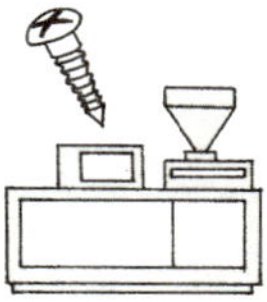		

↓

駆使する

実施項目は?

需要予測 → 生産計画 → 生産実施 → 生産統制

生産管理を成功させるには

「５Ｓ」や「目で見る管理」の徹底によって工場の基礎的体質が改善されると、「品質管理」「品質保証」「コストダウン」なども、改善が進んでいくはずです。

そして、「納期確保／短期」「在庫圧縮」へと進みます。

QCD の最適化をはかるという「ものづくりの根本」はここで達成されるのです。


行います。

品質、コスト、納期の最適化をはかることは、生産管理の実務を行ううえで、つねに念頭におかなければならない重要な要素です。

「生産の３Ｍ」を押さえておこう

生産活動は、**人**（Man）、**機械**（Machine）、**材料**（Material）の３つの主要要素で構成されています。

これらの３つの頭文字を取って**３Ｍ**と呼びます。これに**方法**（Method）を加えて**４Ｍ**と呼ぶ場合もあります。

同業他社に対する競争上の優位性をもった高いレベルの生産をするためには、スキルが高くモチベーションも高い**人**が求められます。**機械**は、性能が高く、故障しにくく、運用や購入のコストが安いものを導入する必要があります。**材料**は、部品と原料を含めて考えると、品質が高く、コストが安く、調達リードタイムが短いものを購入することが重要です。

◆ 生産活動の構成要素とは

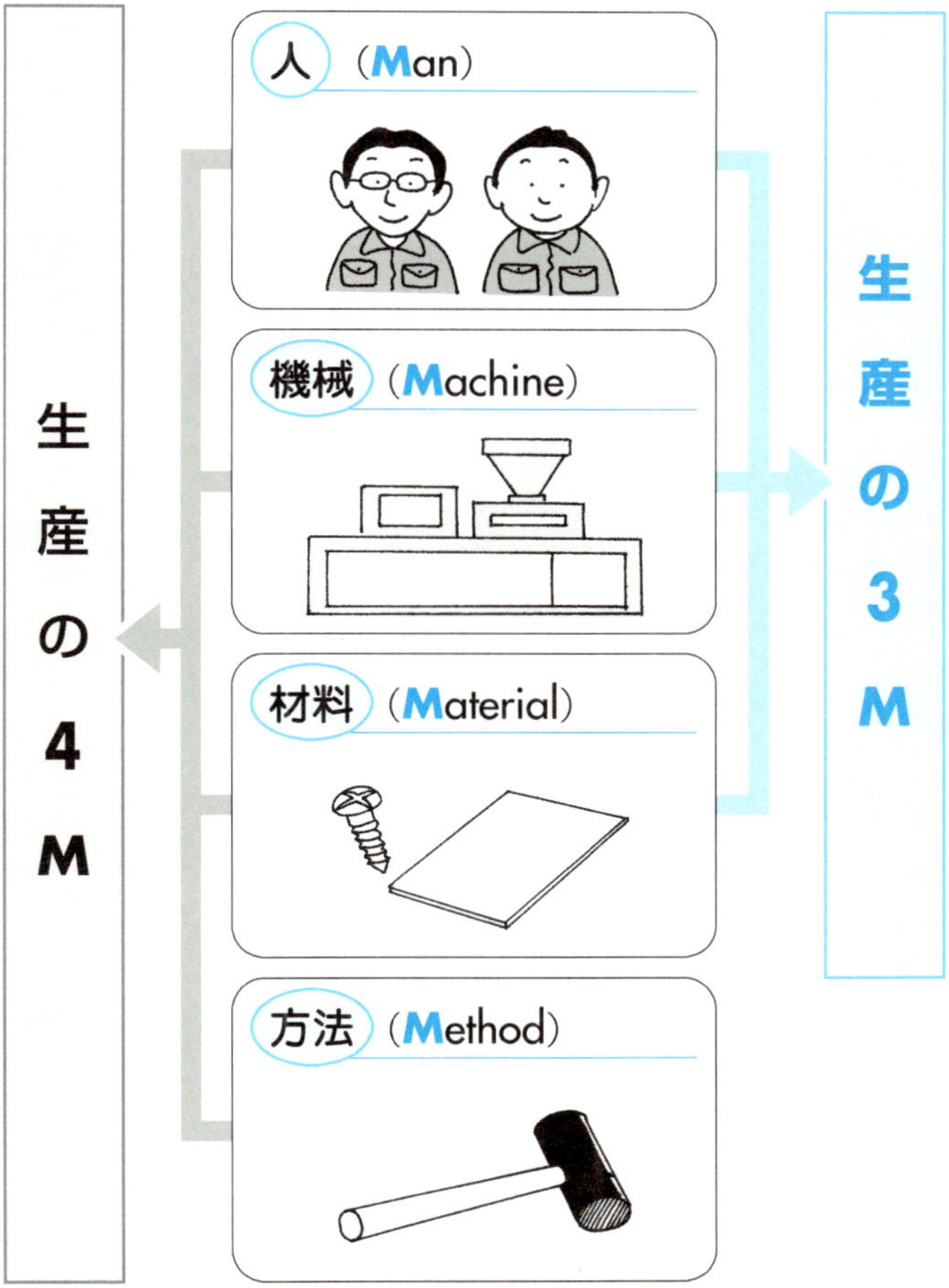

このパートでわかること

➔ 品質・コスト・納期を追求し続けることが生産管理である

02 注文の取り方の違いを理解しよう

注文を受けてから生産する「受注生産」

受注生産は、**顧客が定めた仕様の製品を生産者が生産する**形態のことです。注文を受けてから部品や材料を手配するのが一般的で、普通は製品在庫をもちません。受注生産の場合は仕事の負荷を平均化して、工場の操業度を高くできるかどうかが企業の利益に大きく関係してきます。

同じ製品でも年代や国、企業によって受注生産と見込生産が混在する場合があります。たとえば、自動車の生産では、従来は見込生産が一般的でした。しかし昨今では日本の自動車メーカーを中心に、受注生産の比率が増えてきています。受注生産では、①顧客の満足が得られるコスト、②生産リードタイムの削減、③生産能力と受注量のバランスが重要になります。

◇「受注生産」とはどのようなものか

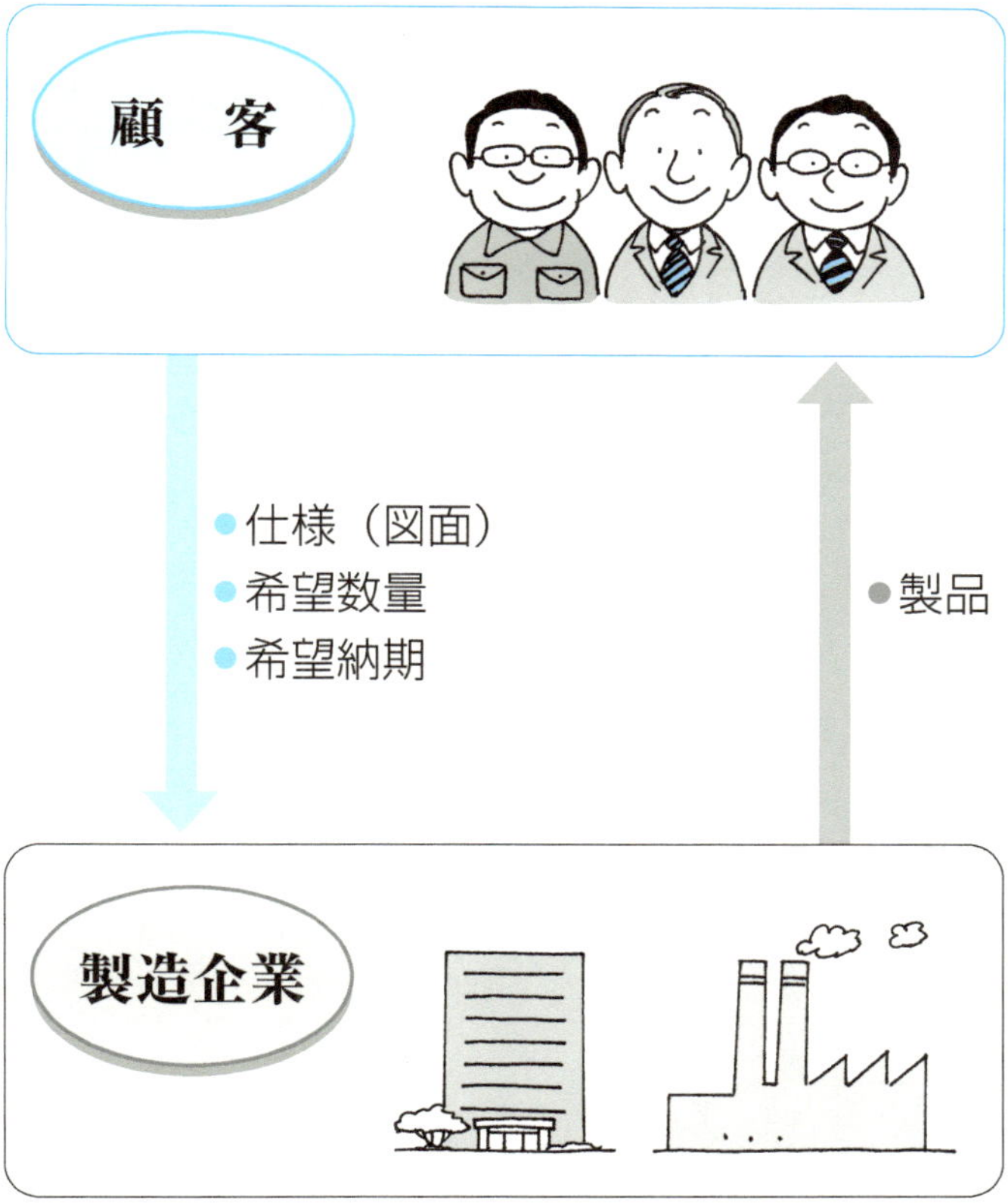

利益を生むためには

仕事の負荷をいかに平均化して、工場の操業度を上げるかがカギ

生産期間と需要予測の関係

20年ほど前までは、製品の生産期間が3～5年程度ある場合が多かったのですが、現在では、パソコンや一部のデジタル家電の生産期間は3～6カ月の場合も少なくありません。このように生産期間が短縮されてくると、見込生産での需要予測が外れた場合の打撃がますます大きくなるといえます。

需要を見越して生産する「見込生産」

見込生産は、生産者が**市場の需要を見越して企画・設計した製品を生産**し、不特定な顧客（潜在顧客）を対象として市場に出荷する形態です。

見込生産では需要予測の精度が重要になります。需要予測が外れると余計な製品在庫を抱えることになり、利益を圧迫します。

「移動平均法」で需要予測を行う

重要予測の代表的な方法として、**移動平均法**があります。これは、**過去の観測値を需要予測の予測値として用いる**方法です。たとえば、1月から11月までの売上実績値があり、12月の需要予測を行うとしましょう。このときに、3カ月間のデータを使うと決めてある場合は、9月から11月までの売上実績値を平均したものを12月の売上予測とします。このように、新しい実績値が得られるたびに、古いデータを1カ月ずつ除去して平均値を取ることから、「移動平均法」という名前がついています。

「見込生産」とはどのようなものか

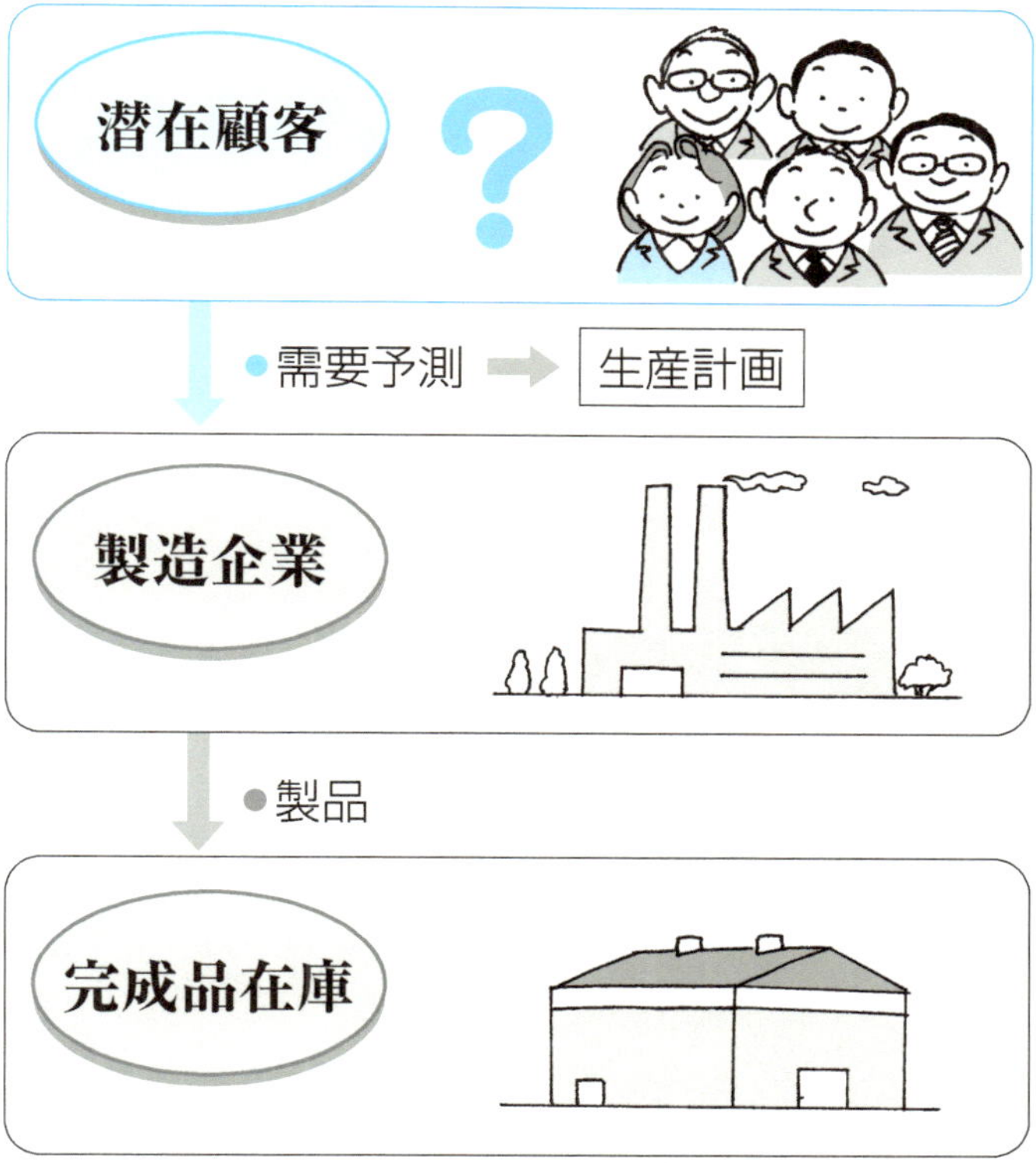

利益を生むためには

需要予測の精度がカギ。需要予測が外れると、余計な製品在庫を抱えることになり、利益を圧迫する

このパートでわかること

➔ 顧客との関係や生産形態によって注文の取り方は変わる

03

3つの生産形態を理解しよう

個々の注文に応じる「個別生産」

個別生産とは、文字どおり、個別の注文に応じて生産する形態のことで、**注文の都度、1回限りの生産**を行います。

オーダーメイドのスーツをつくるイメージをするとわかりやすいでしょう。体のサイズをすべて測定して完全に顧客の体形に合わせ、**個別に、その都度1回限りつくる**方式です。

品種ごとに生産する「ロット生産」

ロット生産は、**製品の種類ごとに生産量をまとめて生産**する方法で、複数の製品が交互に生産されます。

◆「個別生産」と「ロット生産」とは

個別生産

❶ 個々の注文に応じて
❷ その都度1回限り

▼

生産する

ロット生産

例

「上カバー」100個 → 段取り → 「下カバー」200個 → 段取り → 「右カバー」150個

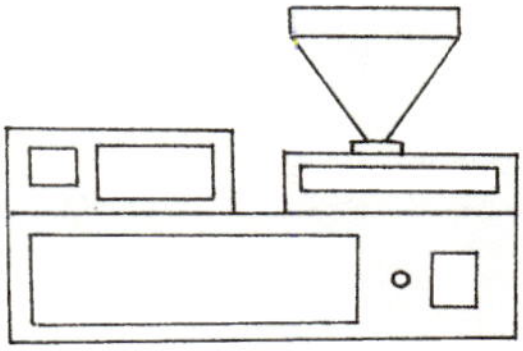

ポイント
段取時間をいかに短縮するかが生産性に大きく関係する

❶ 品種ごとに生産量をまとめて
❷ 複数の製品を交互に

▶ **生産する**

「セル生産方式」とは

部品の組みつけから製品の完成までを、
1人または数人の作業者が一貫して行う生産方式をいいます。
必要に応じて工程編成を組みかえることができるので、
多品種少量生産が実現しやすくなります。
作業は、部品や工具をU字型などに配置した
「セル」と呼ばれるライン（作業台）で行われます。

ロット生産はプレス加工やプラスチック成型などのように、**金型の交換を必要とする生産**で一般的に採用されます。

ロット生産の場合、一般的には段取りが発生するので、段取時間をいかに短縮できるかが生産性に大きく関係してきます。

流れ作業方式で行う「連続生産」

連続生産は、**一定期間、同じ製品を続けて生産**する形態です。

連続生産は流れ作業方式とも呼ばれ、ベルトコンベア上に半製品を流して作業者がコンベア上で部品を組みつけていく方式が一般的で、これを**ライン生産方式**と呼びます。

ライン生産方式では、各作業ステーションに割りつける作業量を均等化することが重要になります。

これを「**ラインバランシング**」と呼びます。

最近は連続生産をモーター駆動のベルトコンベアを使わない「**セル生産方式**」で生産することが電気機器産業などで普及しつつあります。

◆「連続生産」とは

❶ライン生産方式

ベルトコンベア上に半製品を流して作業者がベルトコンベア上で部品を組みつけていく方法

ポイント

各作業ステーションに割りつける作業量を均等化すること（ラインバランシング）が重要

❷セル生産方式

ベルトコンベアを使わない生産方式。電気機器産業で普及しつつある方法

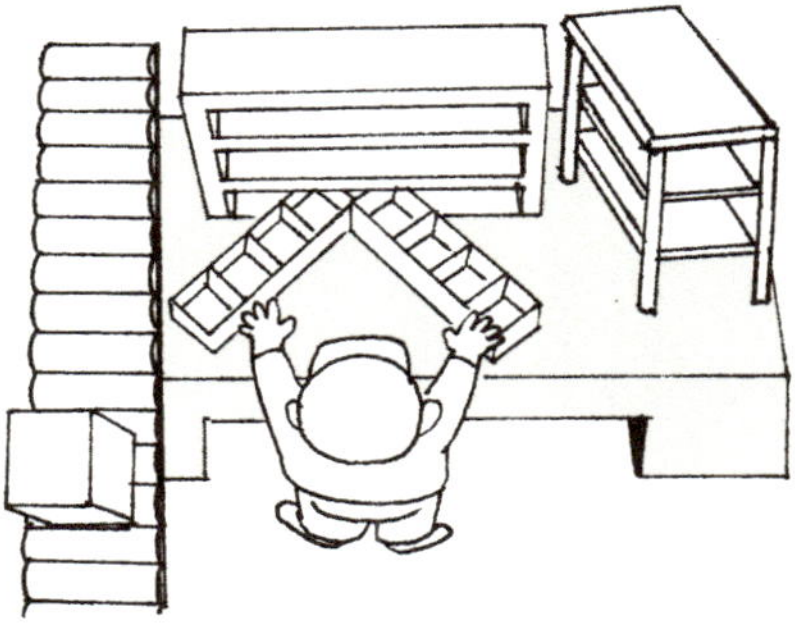

このパート でわかること

➔「個別生産」「ロット生産」「連続生産」の３つがある

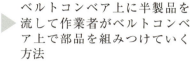

04
生産形態間のつながりを理解しよう

製品の種類と生産量の関係は？

製品の種類と生産量の関係には、次の３種類があります。ここで注意すべきことは、これらの３つは概念的なものなので、月産何台以下が少量生産か、といった厳密な定義はないということです。

①少品種多量生産

少ない種類の製品を１品目当たり大量に生産する方式です。

②中品種中量生産

①と③の中間の性格をもつ方式です。

③多品種少量生産

多品種の製品を少しずつ生産する方式です。最近は需要の多様化が進んで、

◆「製品の種類」と「生産量」とは

製品の種類と生産量

分類	製品の種類	生産量
❶ 少品種多量生産	少ない種類の製品	1品目当たり大量に生産
❷ 中品種中量生産	❶と❸の中間	❶と❸の中間
❸ 多品種少量生産	多品種の製品	少しずつ生産

最近は、需要の多様化と市場変化のスピードに対応するため、多品種少量生産が多くなっています

現場主導で管理を進めよう

多品種少量生産では、日程計画もよく変わり、段取りがえも多発し、ものの流れが停滞しがちです。とても一部のスタッフだけでは管理しきれません。現場（ライン）主導で管理を進めるのが得策です。

市場の変化が速いので、このタイプの生産が多くなっています。

多品種少量生産では、計画変更が頻発するため、資材部門との密な議論・情報交換が不可欠です。

生産形態間の関連を押さえておく

これまでに述べてきた**注文の取り方、製品の種類と生産量、製品の流し方には関連性があります。**

たとえば**少品種多量生産の場合、注文の取り方は見込生産**になる場合が多く、製品の流し方は連続生産になる場合が多くなっています。

それぞれの生産形態間の関連を示したものが次ページの図です。

ただし、この図は一般的な傾向を示してあるだけで、すべてがこの図にあてはまるわけではありません。たとえば、一部の自動車メーカーではベルトコンベア上で連続生産をしていますが、注文の取り方は受注生産にしているといったケースがあります。

◇ 生産形態間にはどのような関連があるか

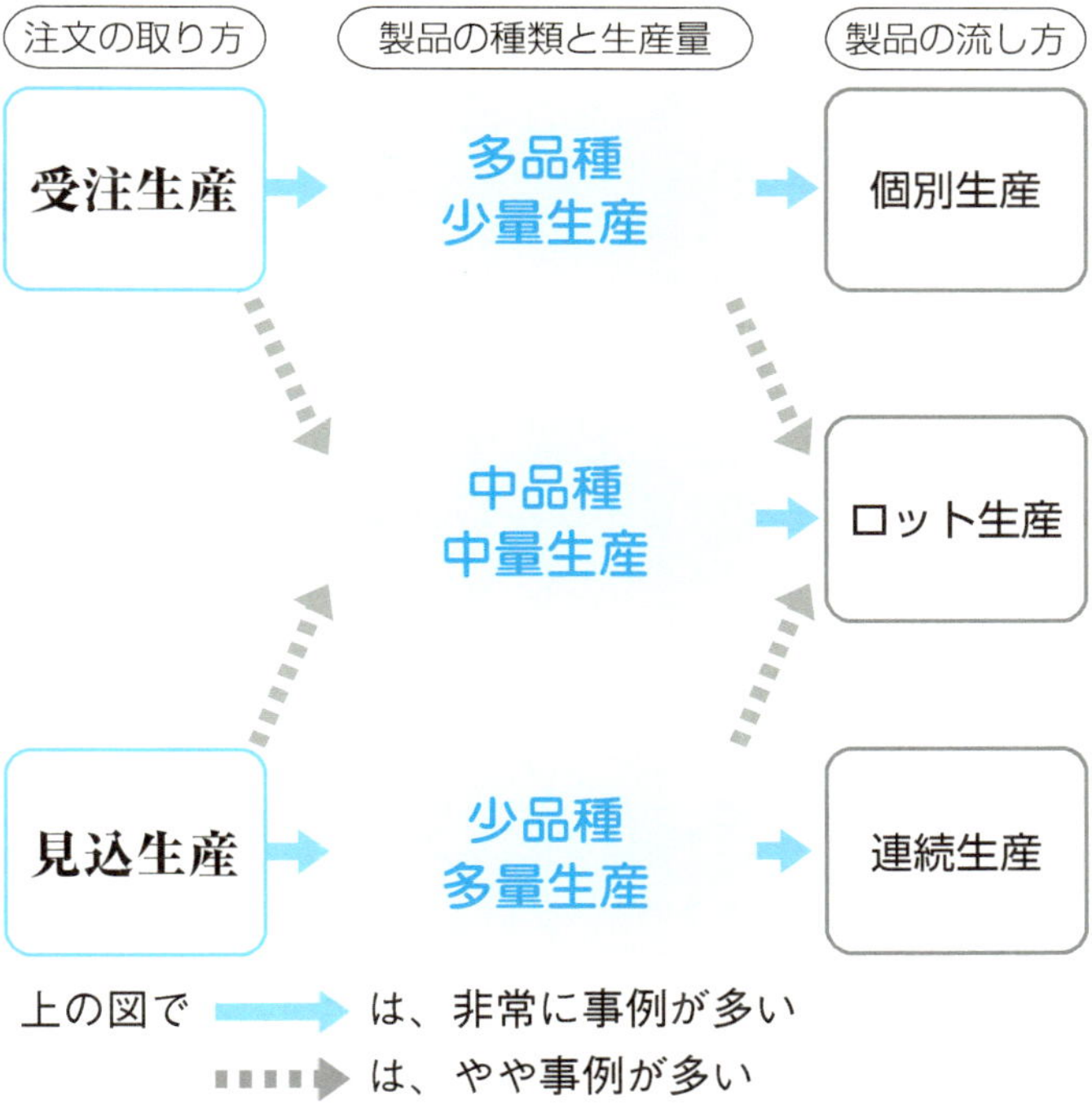

注意

一部の自動車メーカーでは、受注生産なのに連続生産にしている例もあり、上の図にはない組み合わせも若干の例はある

このパートでわかること

➔ 3つの生産形態があり、なかでも「多品種少量生産」が年々増えている

05

生産管理上の留意点を理解しよう

「リードタイム」の短縮の仕方は？

生産管理業務を行う場合、つねに考慮しなければならないキーワードとして、**リードタイム**があります。リードタイムを短くすることは、最終製品をつくるメーカーでも部品メーカーでも、**競争上の優位性を保つうえできわめて重要**です。

リードタイムとは、指令を発してから作業が完了するまでの期間のことで、通常は、日数で数えます。部品を発注してから部品が納入されるまでのリードタイムのことは「調達時間」ともいい、生産に着手してから完成するまでの期間は、「**生産リードタイム**」と呼ばれます。

生産リードタイムを短縮するためには、①停滞、運搬などの付加価値を上げ

◆「リードタイム」とは何か

▶リードタイムとは

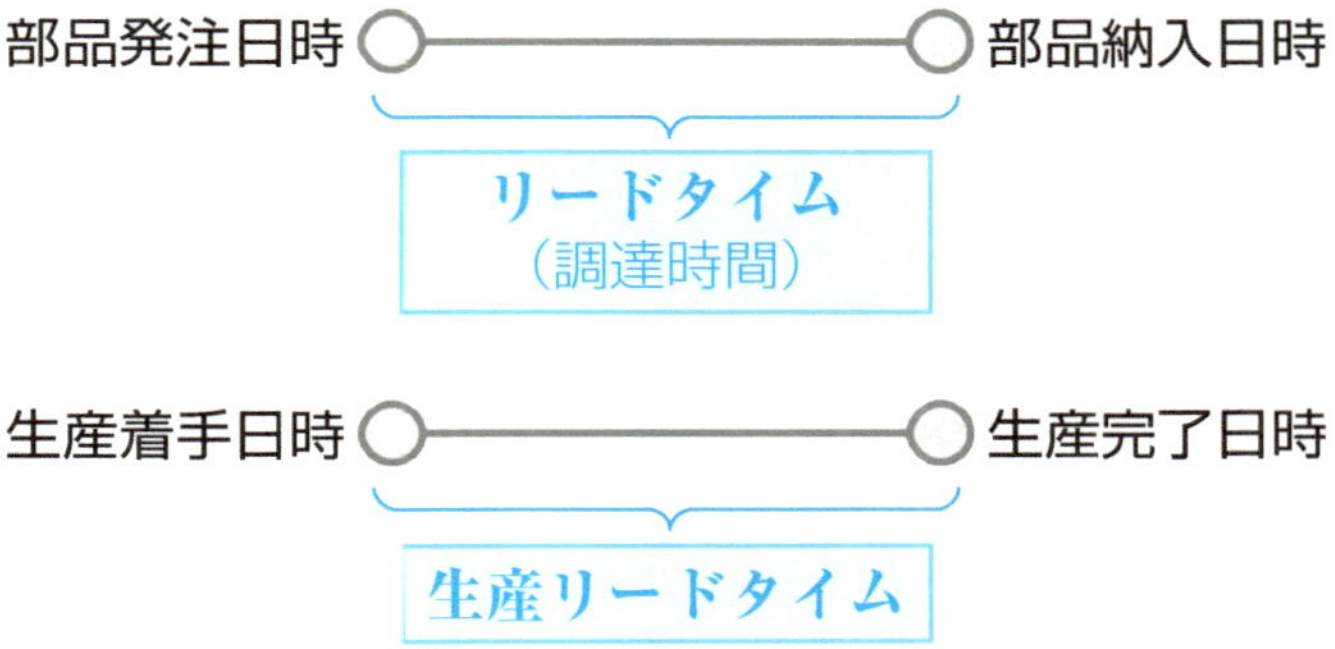

▶生産リードタイム短縮のステップ

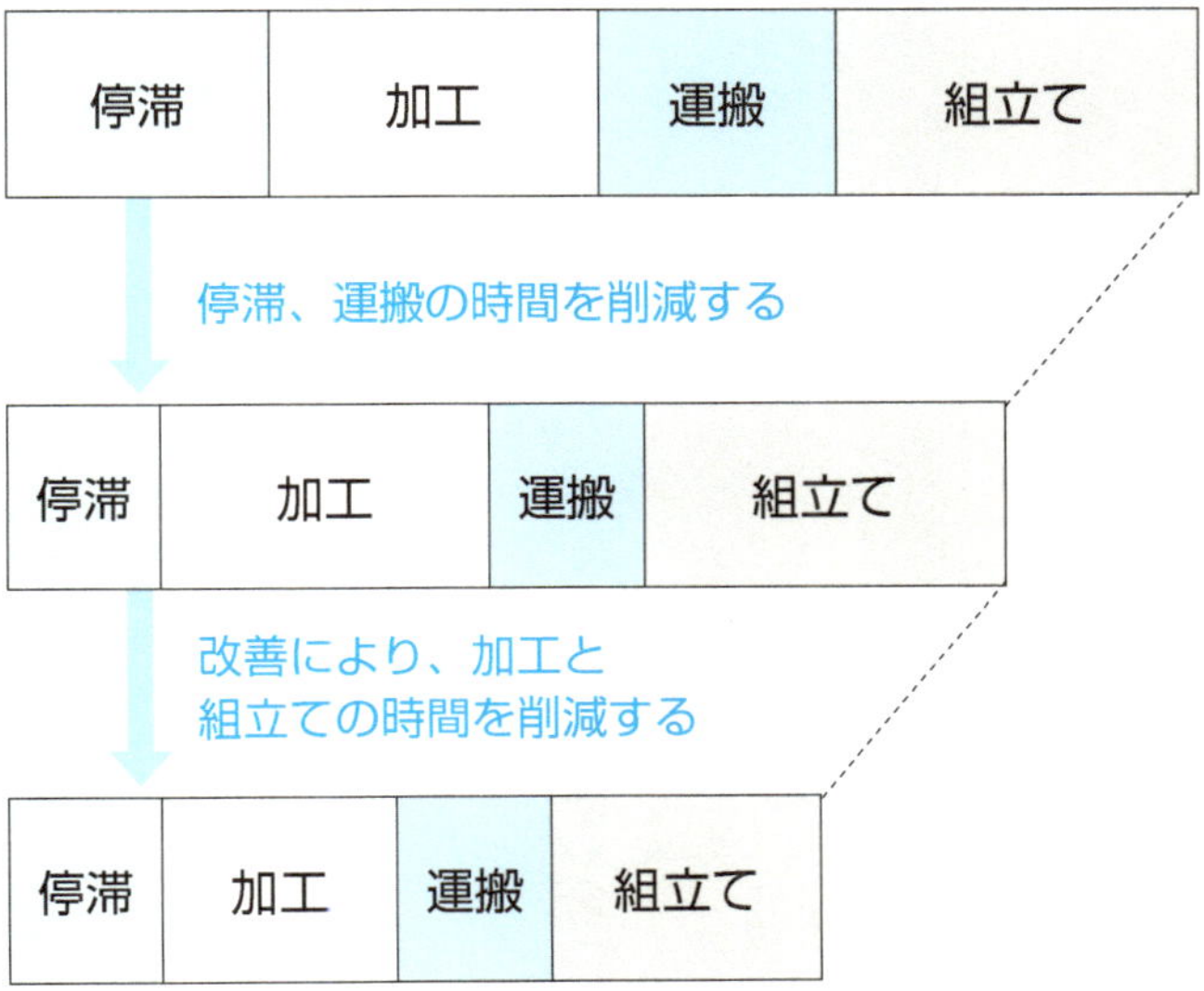

段取作業を改善するには

段取りの改善について、外段取りと内段取りに分けてみていくと、外段取りの改善には「5S」と「目で見る管理」の徹底が高い効果を上げるといえます。内段取りの改善には、工程や機械設備の特性や加工・組立作業の違いに合わせて、さまざまな工夫を行います。

ていない時間を減らす、②加工、組立てなど付加価値を上げている工程の標準時間を改善によって減らす、というステップで考えることが重要です。

✿「段取り」の改善の仕方

昔からよく「段取り八分、仕事二分」といわれますが、段取りとは、作業に取りかかる前に行う準備のことです。具体的には、材料の準備、機械・治工具《ちこうぐ》の準備、図面の準備、試し加工を行うことを指します。

段取りは**一般に組立作業より部品加工で発生**します。生産する製品は一定の間隔で品種をかえます。この際、①前の品種の生産を停止し、機械の清掃を行う、②次の製品の材料、部品、治工具を用意する、③機械の設定変更、治工具の交換、調整を行うという作業が発生します。

このような作業全体を段取りといい、**段取りにかかる時間を段取時間**といいます。

段取時間の短縮は、次ページ下図の手順で行います。段取時間を短縮して**10分未満の内段取り**にすることをシングル段取りといいます。

◆「段取り」の内容と段取改善の方法

▶「段取り」が必要になる場面は？

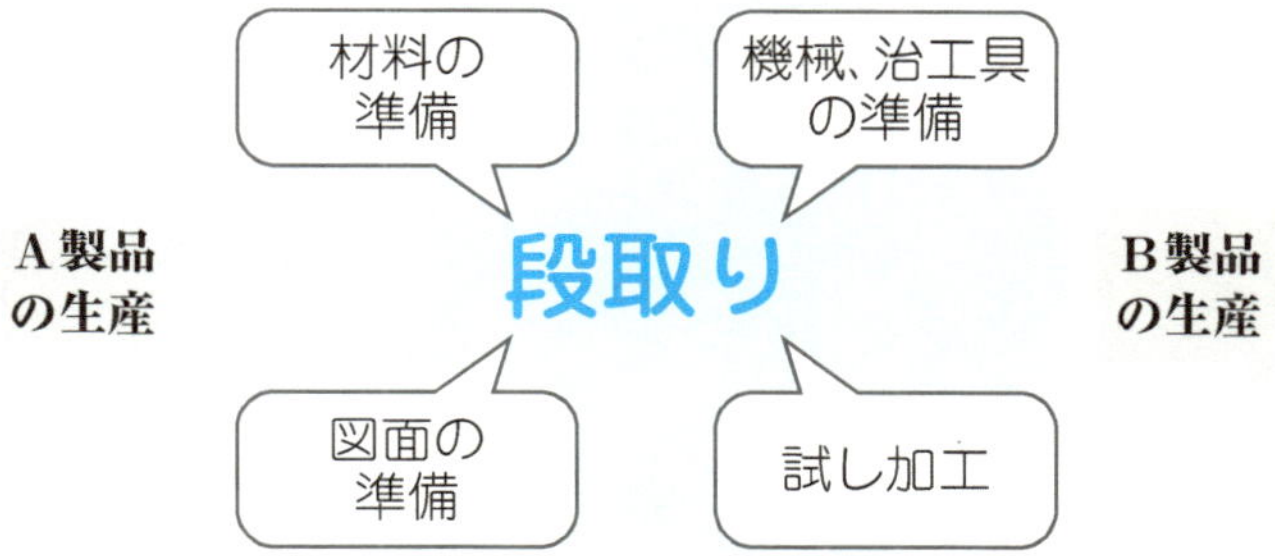

▶「シングル段取り」へのステップ

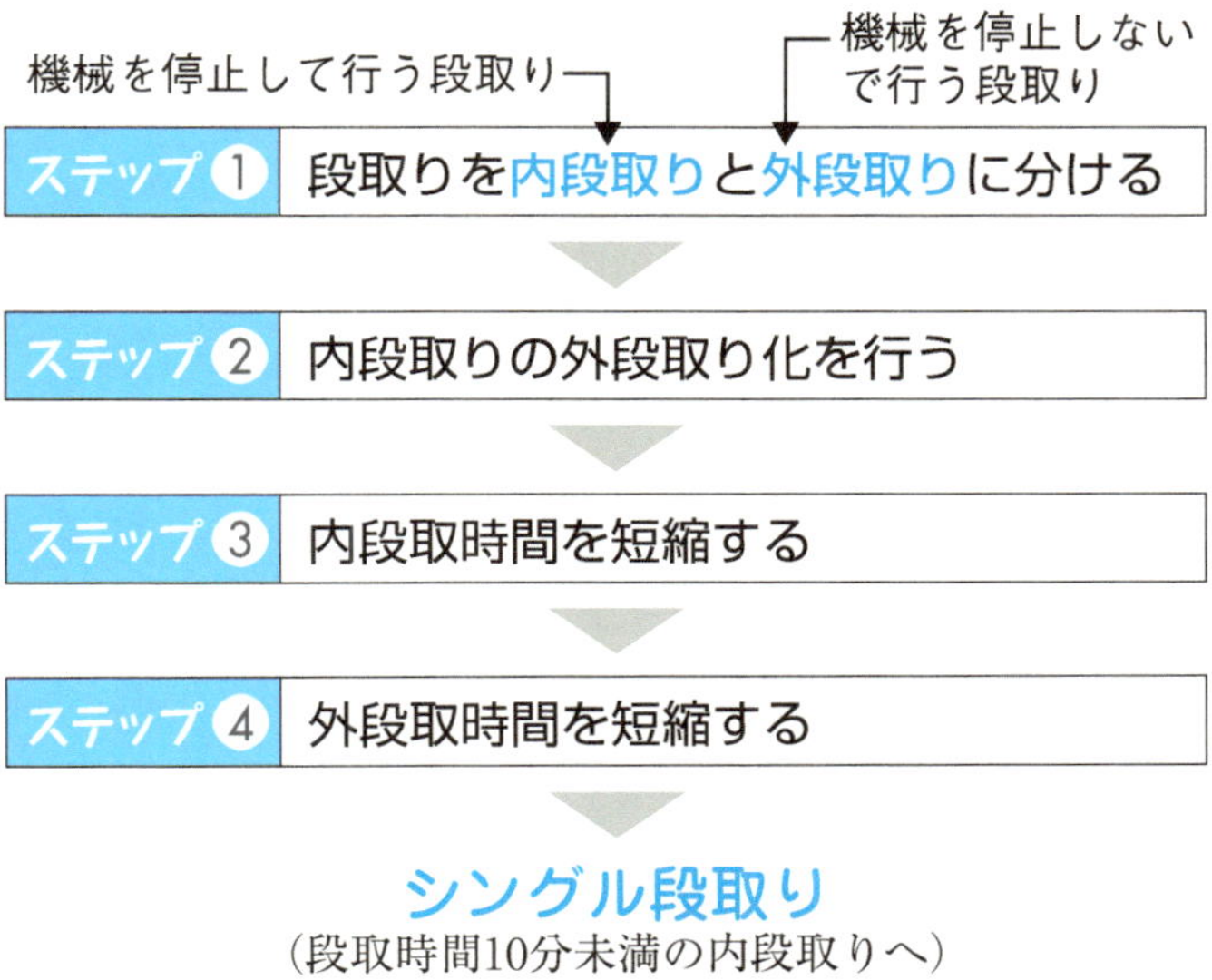

06

改善の要となる「5S」を理解しよう

「5S」（整理、整頓、清掃、清潔、しつけ（躾））は工場の改善を行う場合の基本であり、建物の基礎工事や植物の根に相当する重要項目です。5Sのレベルが高い工場は、経験的にいっても、ほぼ間違いなく**在庫管理、品質管理、生産性管理などのレベルが高く**、5Sのレベルが低い工場はほかの管理レベルも低くなっています。

「整理」で探すムダを省く

整理とは、必要なものと不要なものとを分け、不要なものを捨てるということです。言い換えれば、必要なものだけをもつということになります。たとえば、必要な工具を取り出すとき、工具箱から多くの不要な工具をかき分けて5

◆「5S」と「整理」について押さえておこう

▶「5S」とは？

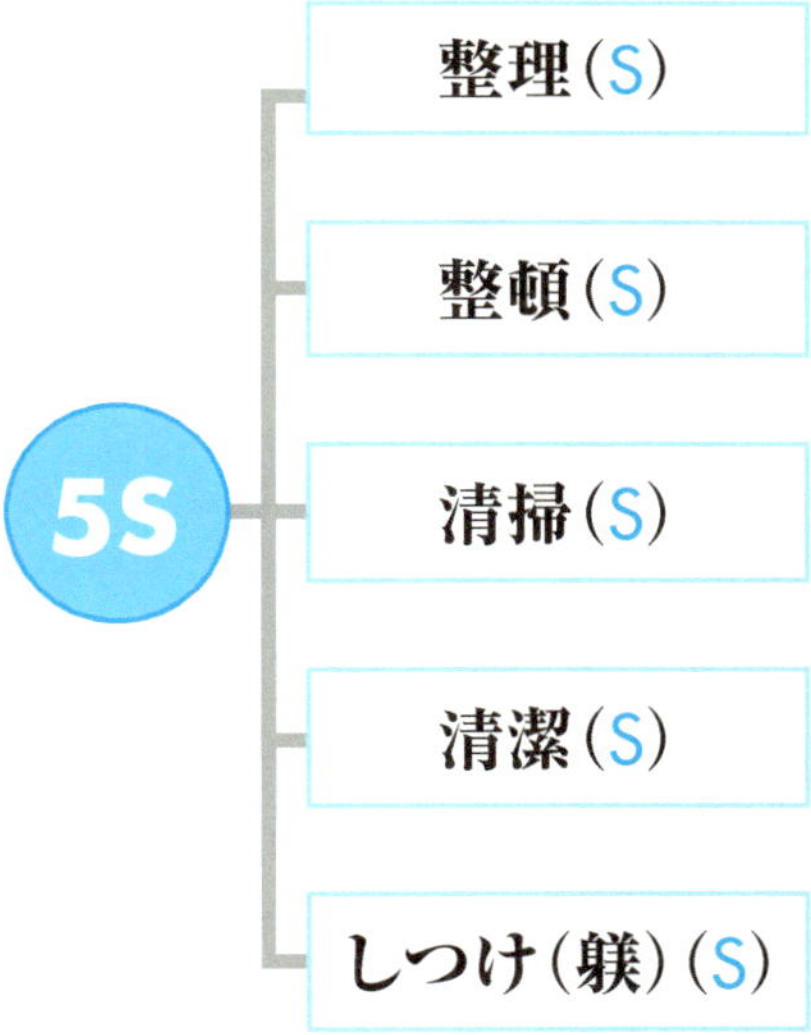

ポイント
5Sのレベルが高い工場は在庫管理、品質管理、生産性管理などのレベルが高くなる

▶「整理」とは何を行うことか

必要なものと不要なものを分け、不要なものを捨てること

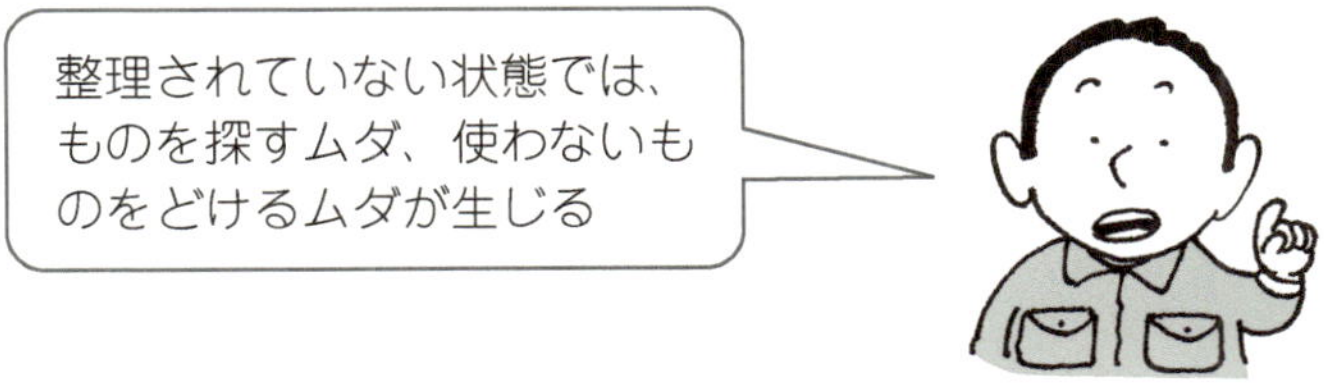

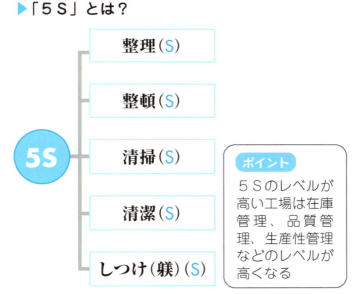

目につきにくい箇所の清掃を

日常的に目につきにくい箇所に、排水まわり、オイルの回収装置、工場の片隅などのデッドスペースがあります。このあたりは清掃がおろそかになりがちですが、ていねいに清掃すると、工場全体が生き返ります。それは、水、オイルなど、工場の静脈に相当する循環部分の通りがよくなるからです。

分後にやっと自分が必要な工具を取り出したなどというのは、整理がうまくできていない典型的な事例です。

整理を組織的かつ効率的に実行するための有効な手段として「**赤札**」があります。これは、次ページのような順序で実行すると効果的です。

「整頓」で「目で見る管理」を実現

整頓とは、必要なものを取り出しやすいように決められた場所に準備しておき、さらにもとの場所へ戻しやすくすることです。

整頓によって、①ものがどこにあるか、誰かに使われているのかが一目でわかり、②工程が正常であるのか異常であるのかも一目でわかります。

つまり、整頓は「**目で見る管理」を実現する手段**であるといえます。

「清掃」には品質向上などのメリットが

清掃とは、職場や機械などのほこり、油汚れなどを取り除き、きれいな状態にすることをいいます。

◆「赤札作戦」

▶「赤札作戦」とは

赤札作戦	整理を効率的に行うための組織的な活動

赤札の例

品　　目			
部品番号		数量	
部 品 名			
理　　由	不良　　死蔵　　滞留　　端材		
部　　門	部　　課　　係		
月　　日	月　　日		

手 順

1. 赤札プロジェクトをスタートさせ、赤札作戦を実行する対象職場を決定する
2. 赤札基準を決定する。赤札基準とは、不良品、死蔵品、滞留品、端材などの処理方法を決めること。また、滞留品の基準をたとえば1カ月間使用されないものというように決める。これらは、職場の状況を考慮し関係者と話し合って決めることになる
3. 赤札を貼りつける
4. 判定会議で赤札を貼った品目の処理方法を決める
5. 不用品を、勇気をもって捨てる

掃除が大切なのはなぜ？

機械の油汚れなどは、それ自体は重大な不具合にはつながりません。しかし、計測機器の汚れやひずみ、油圧系統の整備不良、床や天井の汚れなどの微欠陥を徹底的に排除すると、工場全体の生産性が30％も向上した例があります。この決め手になるのが、実は「清掃・点検」なのです。

清掃を徹底することで、品質の向上、職場の安全性の向上、作業者のモチベーションの向上などの多くのメリットを得られます。

「清潔」を実践しよう

清潔とは、整理（S）・整頓（S）・清掃（S）の3Sを維持することです。不良発生の原因には、ちりやほこり、そのほかの異物混入、汚損などがありますが、清潔が実行されることによって、これらの大部分は排除されるはずです。たとえば、生産職場内の服装を清潔にし、作業服や帽子、髪の毛などを職場の基準に合わせると、品質向上に寄与するだけでなく、すがすがしい気持ちで仕事ができるようになります。

「しつけ（躾）」でルールを守らせる

「5S」の締めくくりがしつけ（躾）です。しつけとは、決めたことを守り続けさせることです。職場のなかで服装、清掃、礼儀作法、あいさつなどの基本的な事柄を着実に守り、実行することをいいます。

◆「整頓」「清掃」「清潔」「しつけ（躾）」とは

整頓 ➡ 必要なものを取り出しやすいように決められた場所に準備しておき、さらにもとの場所へ戻しやすくすること

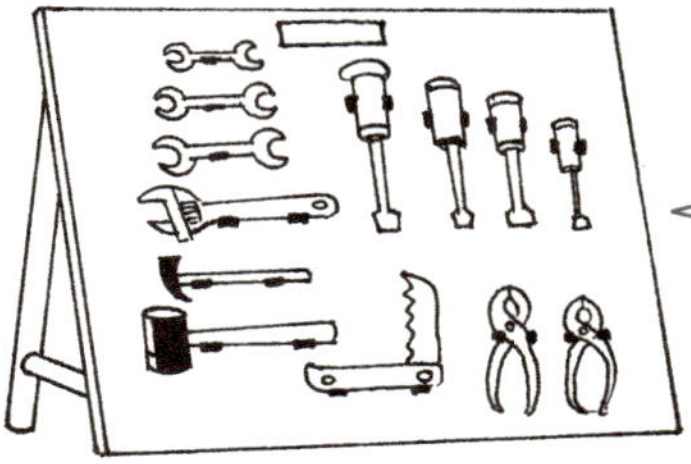

整頓ができている工具置き場は、こんな状態です

清掃 ➡ 職場や機械などのほこり、油汚れなどを取り除き、きれいな状態にすること

清潔 ➡ 整理（S）・整頓（S）・清掃（S）の３Ｓを維持すること

しつけ ➡ 決めたことを守り続けさせること

このパートでわかること

➡「５Ｓ」が改善の要である

07 品質管理の「QC7つ道具」を理解しよう

「QC7つ道具」とはどんなものか

QCとは、品質管理のことです。

QC7つ道具とは、高度な統計学の知識をもたない人でも習得でき、製造現場で実践できる品質管理手法を7つ集めたものです。大企業から中小企業まで幅広く教育が行われて、実践的に使われています。

具体的には、**①チェックシート**、**②特性要因図**、**③パレート図**、**④ヒストグラム**、**⑤散布図**、**⑥管理図**、**⑦層別**の7種類を指すのが普通ですが、層別を外してグラフを入れる場合もあります。

◆「チェックシート」とは

QC７つ道具❶

チェックシート

記号でマークして、もれや抜けを防ぐための図や表

記録用チェックシートの例

	日付				合　計
不良名１	/	///	//	…	9
不良名２	//	/	///	…	14
不良名３	////	卌 /	//	…	21
…	…	…	…	…	…
合　　計	12	21	8	…	61

特性要因図の応用例

不良発生やトラブル原因を追究する初期段階で「特性要因図」が利用されることがよくあります。この場合に、大骨を４（原材料、機械設備、方法、作業者のいわゆる「４M」）＋３（治工具、測定、運搬）＋１（その他）の８本にして、中骨や子骨を大骨のどれかにぶら下げていくという方法は、試す価値があります。

✿「チェックシート」でもれをなくす

データや仕事の結果などを簡単な記号でマーキングするだけで、もれや抜けのチェックができる図や表のことです。チェックシートは、大きく分けて**「記録用チェックシート」**と**「点検確認用チェックシート」**があります。

✿「特性要因図」で原因と結果の関係をつかむ

特性要因図とは、特性（製品の品質、結果、解決すべき課題など）と、それをもたらした要因（原因）の関係を系統的にあらわした図のことです。**特性とレベル別の要因が魚の骨のような形**にあらわされ、異常発生の原因を推定するために役立てることができます。次ページの図では、「高炉のコークス比」が特性であり、そのほかのものが要因になります。

✿「パレート図」で不良対策を行う

パレート図とは、原因別などに発生した回数（「頻度」と呼ぶ）を数えて、多い順に並べてグラフに描いたものです。**不良数（または不良金額）の順に並**

◆「特性要因図」と「パレート図」とは

QC7つ道具②

特性要因図

特性（製品の品質、結果など）とその要因（原因）の関係を系統的にあらわした図

特性要因図の例

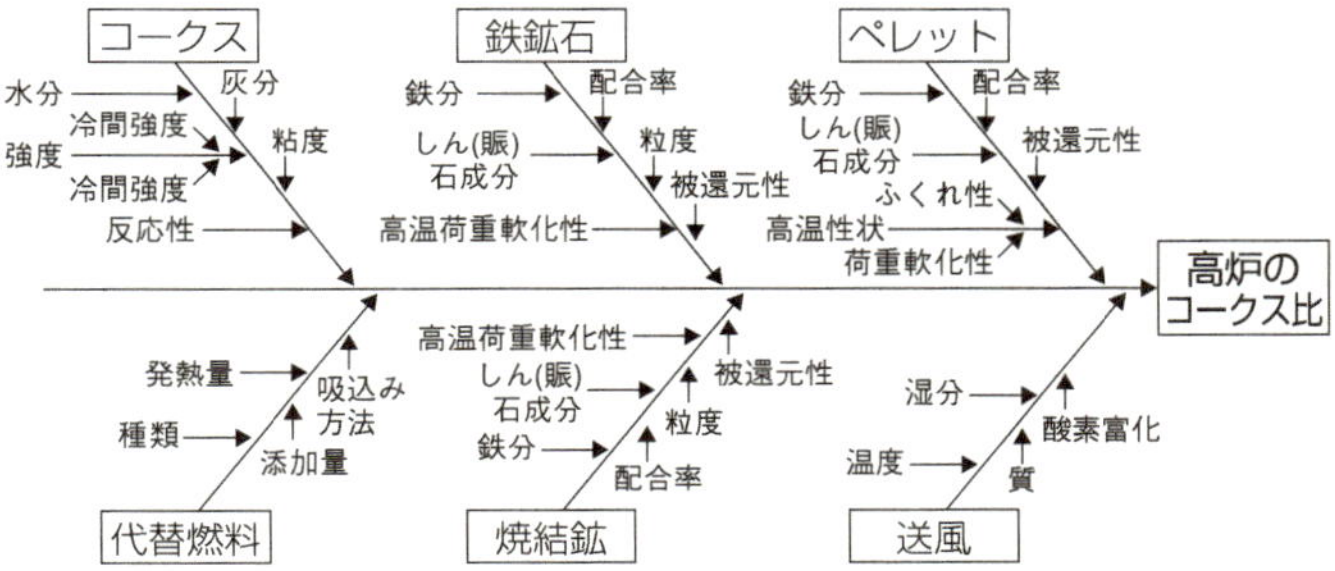

QC7つ道具③

パレート図

原因別などに発生した回数を数えて、多い順に並べてグラフに描いたもの

パレート図の例

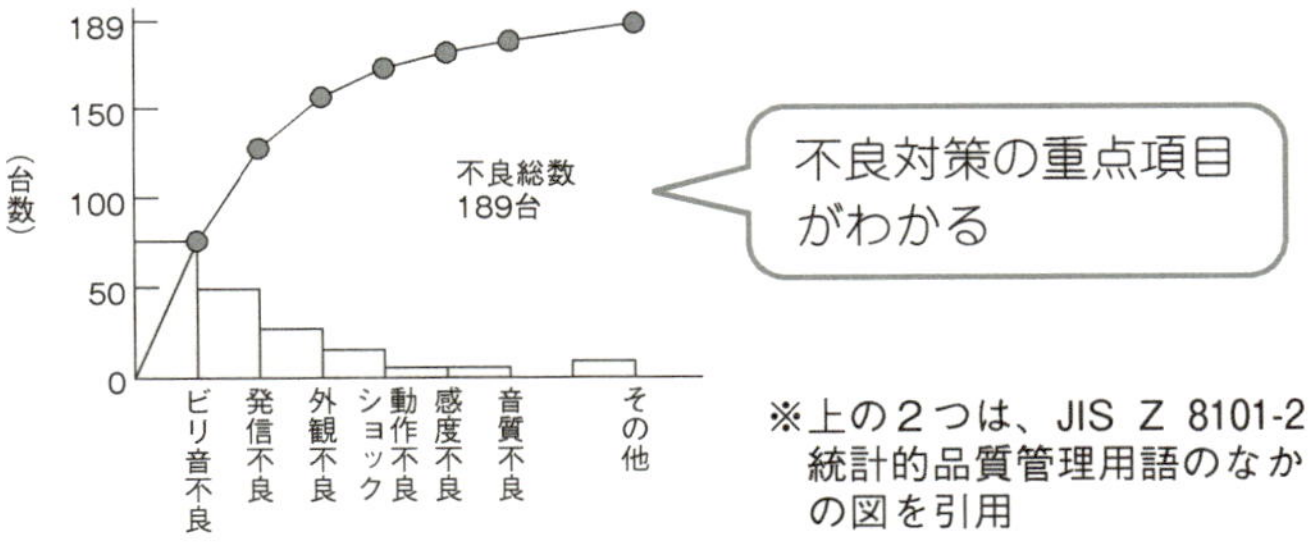

※上の2つは、JIS Z 8101-2 統計的品質管理用語のなかの図を引用

ヒストグラムの見方の一例

加工した部品の直径などをヒストグラムにしてみると、
多くの場合、標準寸法を中心とした「釣り鐘型」になります。
このときに、釣り鐘の裾野が広がっていれば、
誤差が大きく、不良品の発生が多いことを示します。

べてパレート図をつくると、発生頻度の多い異常がわかり、不良対策の重点項目を知ることができます。ちなみに、ＡＢＣ分析のグラフ（121ページ参照）もパレート図の応用です。

✿「ヒストグラム」で異常や原因をつかむ

「ヒストグラム」は「度数分布図」または「柱状図」とも呼びます。**縦軸に度数、横軸にデータの範囲**をいくつかの区分に区切った区切り（階級）を書いたグラフです。ヒストグラムの形状を見ることによって、工程の異常やその原因を推測することができます。

✿「散布図」で相関関係を見る

２つの特性に関する特性値をＸＹ軸に打点したグラフのことです。散布図を見ることによって、２つの特性に正または負の相関関係があるかどうかと相関関係の強弱がわかります。

◆「ヒストグラム」と「散布図」とは

QC7つ道具④

ヒストグラム

柱状図とも呼び、区間別に出現度数を並べたグラフ

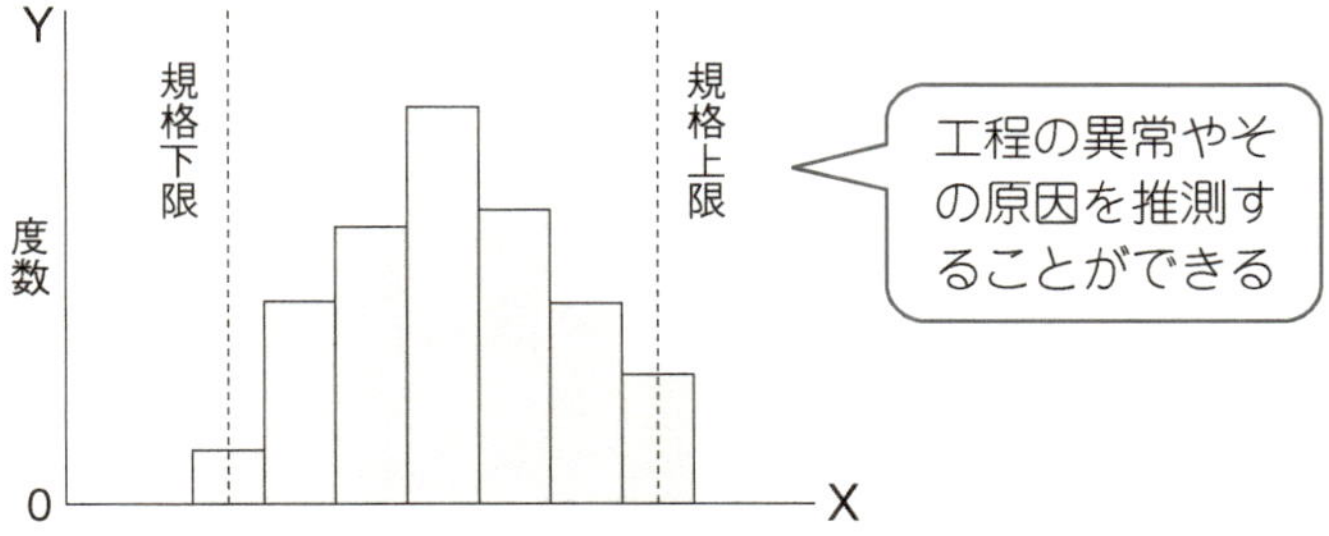
Y
度数
0
X
規格下限
規格上限
工程の異常やその原因を推測することができる

QC7つ道具⑤

散布図

XとYのデータをXY軸上に打点したグラフ

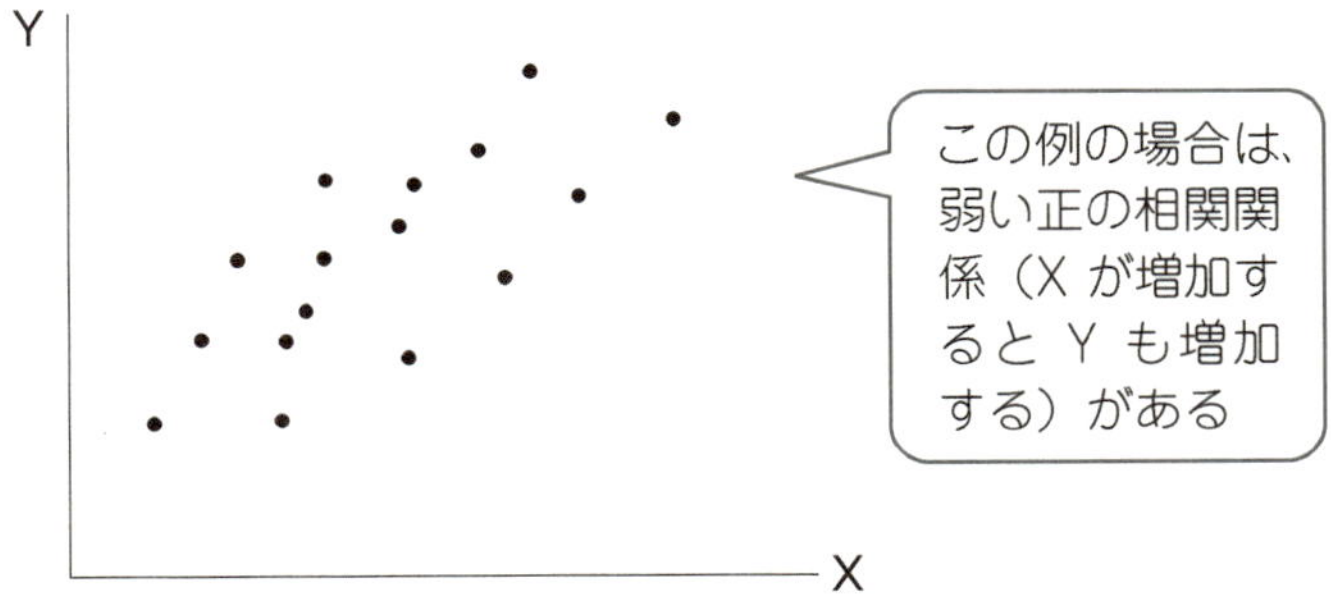
Y
X
この例の場合は、弱い正の相関関係（Xが増加するとYも増加する）がある

大筋は、「不良や不具合などの現象中の大物を突き止めて、それを対象として原因所在の範囲を絞り込んでいき、その原因をつきとめる」といった流れになります。
その後、原因を排除するための対策を立案し、実行し、効果の確認を行い、再発防止のしくみづくりをするという順序になります。

「管理図」で工程の異常をつかむ

「管理図」とは、観測値を折れ線グラフにして、中心線とその上下に2本の管理限界線という線をもつ図のことです。異常発生の時系列的な変動を分析するために使います。

高度な統計学的な知識がなくても**簡単な四則演算だけで管理限界線を書くことができる**ことが特徴です。管理図のなかでは**「$\bar{X}$－R管理図」**(エックスバー・アール管理図)がもっともよく使われます。

管理限界線からデータがはみ出した場合、または点の並び方に傾向が現れたなど、データが一定の条件を満たす場合は工程に異常があると判断できます。

「層別」でデータの性質を見ることも

「層別」は、データの母集団を共通部分のないいくつかの層に分割(分類)して、原因追究の範囲を絞り込む(同時に母集団を均質化する)ために使います。

ヒストグラム、散布図など、ほかのQC手法を使う場合に、**作業者別・機械別**などで層別をしてみると、データの性質が明確に出る場合があります。

◆「管理図」と「層別」とは

QC７つ道具❻

管理図

観測値を折れ線グラフにして管理限界線をもつ図

このような
$\bar{X}$-R管理図が
もっとも一般的

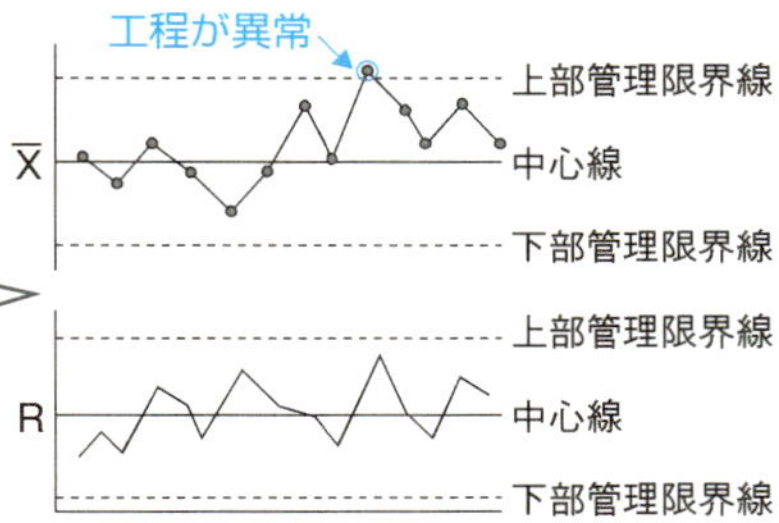

QC７つ道具❼

層　別

母集団を、共通部分のない、いくつかの層に分割すること

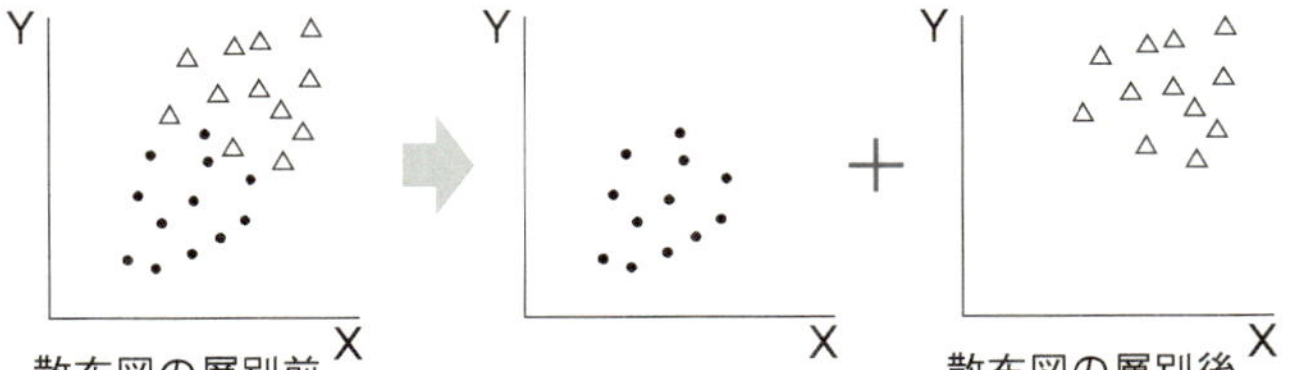

散布図の層別前
正の相関関係がある

散布図の層別後
正の相関関係がない

データに相関関係があると思われる場合も、２種類のデータを層別してみると、相関関係がないことがわかる

08 「ＩＳＯ」の内容について理解しよう

「ＩＳＯ」とは何をする組織なのか

ＩＳＯは、International Organization for Standardization の略で、日本語で国際標準化機構と訳されます。電気分野以外の**工業分野の国際規格をつくる**ための組織です。ＩＳＯのなかでも製造企業にとくに関係の深いものが、ＩＳＯ９０００シリーズ（品質管理分野）とＩＳＯ１４０００シリーズ（環境分野）です。

「ＩＳＯ９０００シリーズ」とは

ＩＳＯ９０００シリーズは品質管理に関する国際規格のことです。

１９８７年に第1版が制定され、２０１５年に大幅改訂が行われました。

◆「ISO」と「ISO9000」とは

ISO

(**I**nternational **O**rganization for **S**tandardization)

国際標準化機構：電気分野以外の工業分野の国際規格をつくるための組織

ISO9000シリーズ取得のメリット

❶ 海外の有力企業と取引する場合は、ISO9000の登録が条件になっている場合が多い

❷ 経営者や従業員の品質意識が向上する

ISO9000シリーズ：2015年版の規格構成

サービス関連などのさまざまな分野で適用可能な品質管理に関する国際規格

1. 適用範囲
2. 引用規格
3. 用語及び定義
4. 組織の状況
5. リーダーシップ
6. 計画
7. 支援
8. 運用
9. パフォーマンス評価
10. 改善

「審査登録機関」とは？

ISO を取得するためには、「審査登録機関」の審査を受ける必要があります。ISO9001の場合には、審査登録機関が約50あり、ISO9001を取得したい企業は、自由に審査登録機関を選ぶことができます。実績・歴史・審査費用などのさまざまな観点から審査登録機関を評価して最終的に選ぶことが重要です。

２０１５年の改訂では、マネジメントシステムの評価だけではなく、企業経営の中身まで踏み込んだ内容になっています。また、「パフォーマンス評価」が追加されたので、品質を含めた企業の業績が重視されます。

従来のＩＳＯ９０００シリーズは、多くのマニュアル類を作ることに重点を置きすぎて、肝心の品質そのものを良くするということをあまり重視しなかったという反省があり、パフォーマンスそのものを重視したという事情もあります。

「ＩＳＯ１４０００シリーズ」とは

ＩＳＯ１４０００シリーズは、環境に関する国際規格で１９９６年に制定され、２０１５年に大幅改訂が行われました。

２０１５年版のＩＳＯ１４０００シリーズでは、規格構成がＩＳＯ９０００シリーズとまったく同じになりました。このことによって、組織が他のマネジメントシステムを事業プロセスと一体的に運用することが容易となり、効率的かつ効果的なマネジメントを実施できるようになりました。

◆「ISO14000」とは

環境に関する国際規格

ISO14000シリーズ 2015年版の規格構成

ISO9000シリーズと規格構成がまったく同じになった

1. 適用範囲
2. 引用規格
3. 用語及び定義
4. 組織の状況
5. リーダーシップ
6. 計画
7. 支援
8. 運用
9. パフォーマンス評価
10. 改善

ISO14000シリーズ認証取得のメリット

❶ P（Plan）→D（Do）→C（Check）→A（Action）の環境マネジメントサイクルを回すことにより、全従業員の環境に関する意識が向上し、積極的に環境改善に取り組むようになる

❷ 社会的な信頼性が増し、公共事業の入札や海外の有力企業との取引の際に有利になる

❸ 省エネ、省資源を促進してコストダウンにつながる

Column 1

ビッグデータを製造業で活用する

ビッグデータは、データのサイズについては明確な定義はありませんが、事業に役立つ知見を導き出すための大きなサイズのデータのことをいいます。

医療、科学技術、政府関係機関などでも活用されていますが、製造業の分野でもさまざまな企業で有効活用されています。

製造業においては自動化が進んでいる企業の製造ラインの機械装置はリアルタイムで制御されています。多くのセンサーが精密データを収集しています。また、高解像度カメラによって工場内をリアルタイムで監視し、品質管理や在庫管理などに活用しています。

製造業でのビッグデータ活用で重要なのは、収集したデータを効果的に分析することです。長期間にわたってデータを収集した後で、月ごと、日ごと、機械ごと、シフトごとなどで比較して相関関係や因果関係を明確に分析することが重要です。

たとえば、工場の内外の温度・湿度が品質や生産性にどのような影響を与えるかがわかります。また、機械の予防保全、品質向上などにも役立てることができます。

第2章

生産計画について理解しよう

09

生産計画の流れを理解しよう

見込生産の場合は、生産計画を立てる前に**需要予測**を行います。需要予測の数量が実際の需要と外れると、品不足や過剰在庫が発生するため、**正確さが要求**されます。需要予測はＧＤＰ（国内総生産）成長率などの指標から予測するトップダウンの需要予測と、販売現場や顧客の声などを参考にして予測するボトムアップの予測方法があります。

生産計画は３つに分類できる

生産計画は、立案期間の長さによって分けると、**大日程計画**、**中日程計画**、**小日程計画**の３つに分類できます。また、要素別に考えると、**手順計画**、**工数計画**、**日程計画**に分けることができます。

◆ 生産計画の流れを見てみよう

需要予測

需要予測の方法

- **トップダウン型** ▶ GDP成長率などから決定
- **ボトムアップ型** ▶ 販売現場や顧客の声などから決定

↓

生産計画

期間別生産計画

大日程計画	3カ月～1年の計画 工場全体の計画
中日程計画	1～3カ月の計画 職場単位の計画
小日程計画	1日～1週間の計画 個人単位の計画

要素別生産計画

手順計画	工程順序、作業条件などの決定
工数計画	工程別の必要工数の決定
日程計画	基準日程、作業予定の決定

このパートでわかること

➔「大日程計画」「中日程計画」「小日程計画」の3つがある

10 大・中・小日程計画の役割を理解しよう

✿ 3カ月〜1年の「大日程計画」

大日程計画は、期間生産計画とも呼ばれます。3カ月〜1年という長期間にわたる計画で、**販売計画と生産計画の調整を主目的**とします。

やや長期の計画なので、**予測精度があまり高くありません。**推定値を用いた計画なので、推定計画とも呼ばれます。この計画にもとづいて、**設備投資や人員の過不足予想、リードタイムの長い資材の調達**などを行います。

✿ 翌月1カ月の「中日程計画」

中日程計画は、月度生産計画とも呼ばれます。大日程計画と異なり、**ほぼ確定した値**で、生産管理の要となるものです。

◆ 期間別生産計画の内容を見てみよう

大日程計画

期間	計画範囲	内容（目的）
３カ月～１年	全工場	▶販売計画と生産計画の調整 ▶設備投資決定 ▶リードタイムの長い資材の調達

中日程計画

期間	計画範囲	内容（目的）
１～３カ月	職場単位	▶各職場の余力の算定 ▶部品などの納期の決定 ▶図面・治工具などの手配時期の決定

小日程計画

期間	計画範囲	内容（目的）
１日～１週間	個人単位	▶人や機械に対して具体的な作業の割当てを行う ▶製造期間の短縮、稼働率の向上

「スケジューラー」とは？

多品種少量生産を行う工場では、設計変更や受注変更などで現場が乱されることが多々あります。
「スケジューラー」とは、小日程計画の編成や修正をコンピュータを使って迅速に行うためのシステムです。
監督者の差立て（80ページ参照）処理を支援する道具として活用すれば、工期の短縮にも効き目があります。

通常は翌月1カ月の生産計画です。しかし、実際には購買や外注の手配の期間が3カ月程度になる場合があるので、3カ月程度の計画になる場合もあります。

中日程計画の主目的は、**各職場の余力の算定、部品などの納期の決定、図面・治工具などの手配時期の決定**などです。

週や日単位の「小日程計画」

小日程計画は週や日単位の日程計画で、**1日の投入機種の順番まで正確に決定**されます。予定変更や飛込みの注文が入ったときなどは、計画が変更されます。

主目的は、人や機械に対して具体的な作業を割り当てることであり、小日程計画では**製造期間の短縮、稼働率の向上などをめざす**ことが重要になります。

◆ 大日程計画表と小日程計画表の例

▶大日程計画表の例

得意先	納品先			No.		作成	
注文番号	品名			数量	納期	立会	完成
業務内容		1月 10 20	2月 10 20	3月 10 20	4月 10 20	5月 10 20	6月 10 20
設計	予定 実績						
手順計画	予定 実績						
部品準備	予定 実績						
製品組立	予定 実績						
製品検査	予定 実績						

▶小日程計画表の例

職場名			月	日～	月	日	週間加工予定表		
作業者名	機械	部番	品名	工程		数量	日	日	日
					予定				
					実績				
					予定				
					実績				

このパートでわかること

➔ 中日程計画が生産管理の要である

11 手順計画の作成方法を理解しよう

「手順計画」で工程設計を行う

「手順」とは、製品や部品を生産するための順序のことです。「手順計画」とは、生産にあたっての加工の方法や順序、使用する機械、組立ての工程手順、各工程の標準時間などを計画することで、必要な作業、作業の順序や条件などが決められます。

手順計画は工程設計とも呼ばれます。手順計画をまとめたものは「**手順表**」あるいは「**工程表**」と呼ばれます。手順計画は日程計画の基礎になるものですから、必ず整備する必要があります。

◆ 手順計画の内容と目的とは

「CAD《キャド》」とは

設計図を描く場合、一昔前は手書きで製図のルールにもとづいて描くことが多かったのですが、最近は「3D　CAD《キャド》」を使う企業が増えてきました。CADは部品などの図面を描くコンピュータソフトですが、「3D　CAD」はコンピュータ上で3次元の立体として部品を描けるソフトです。

QCDを最適化させるのがねらい

手順計画をつくる第一の目的は、最適な生産方法を決定することです。つまり、生産の3要素であるQ（品質）・C（コスト）・D（納期）を最適化させるということです。

第二の目的は、**作業分担を最適化**させることです。作業を担当する職場、設備機械などを決め、職場や作業者の負荷のバランスをはかります。

第三の目的は、**生産方法を標準化**させることです。手順計画の内容をその企業の様式で部品工程表などにして、作業者の作業標準などに反映させます。

手順計画では、まず、各部品の加工手順、材質、素材、材料、使用機械、標準時間などを決定します。これを1部品につき1枚の部品工程表の形にします。部品工程表は、製造現場はもちろん、外注先、倉庫、設備管理部門、治工具作成部門などの各部門に送られて、生産のための準備に使用されます。

部品工程表の例

製品コード	部品コード	図　番	加工先
材　質	素　材	取　数	材　料

No.	工　程	機械・治工具	標準時間		人員	備考
			主体	準備		

部品工程表は、部品の製造工程や標準時間、必要人員などをあらわしたもので、部品ごとに作成されます

このパートでわかること

➔ 手順計画には３つの目的がある

12 基準日程の求め方を理解しよう

「基準日程」はオーダー工程ごとに設定

オーダーの工程ごとの所要日数を明らかにしたものを基準日程といいます。標準時間（68ページ参照）が時間、分、秒などを単位にしているのに対して、日を単位とした生産期間をいいます。**基準日程は、加工、運搬、検査、停滞から成り立っています。**

基準日程は以下の手順で作成します。

①1つの注文に対して、工程別の必要時間をまとめる
②注文を加工手順に従って並べる
③最終完了日を0として、加工手順と逆方向に日数目盛を取る
④この数値は、完了日から何日前に作業を開始すべきかを示す

基準日程のイメージ

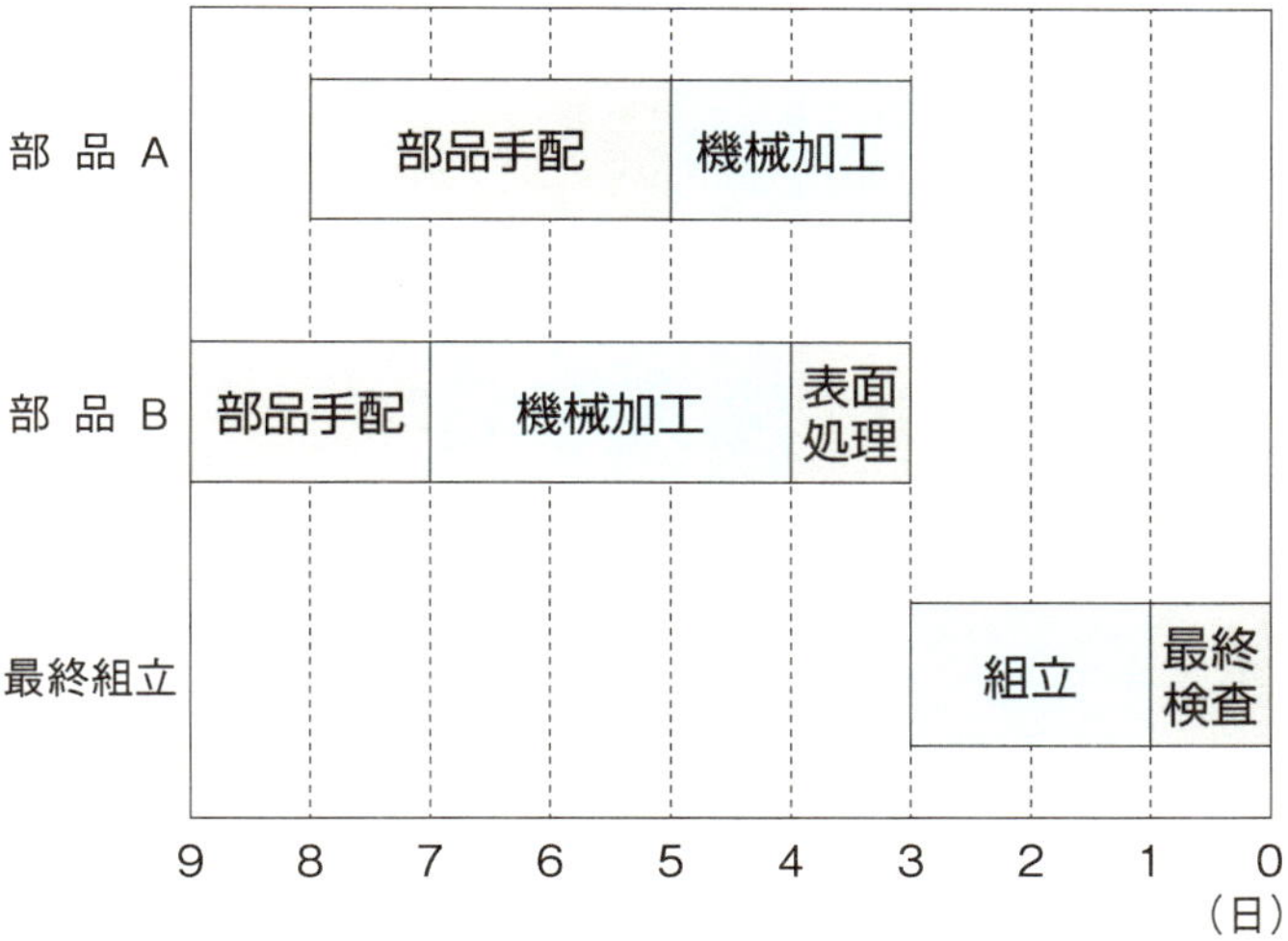

このパートでわかること

➔ 基準日程は加工、運搬、検査、停滞から成り立つ

13 標準時間の設定方法を理解しよう

「標準時間」とはどのようなものか

職場全体の負荷を考える場合、仕事が早い人と遅い人の差を調整することが必要になります。

そこで、**習熟した作業者が適切な努力をして仕事をした場合の時間**を基準にして、これを標準時間（ST：Standard Time）と呼びます。

標準時間を考えるときは、正味時間と余裕時間という2種類の時間を考えます（主体作業時間）。**正味時間**は加工、組立てなどに直接必要な時間で、機械の注油などの時間を含みません。

余裕時間を考える場合は、余裕率を設定して、次の式であらわします。

標準時間＝正味時間×（1＋余裕率）

標準時間の構成

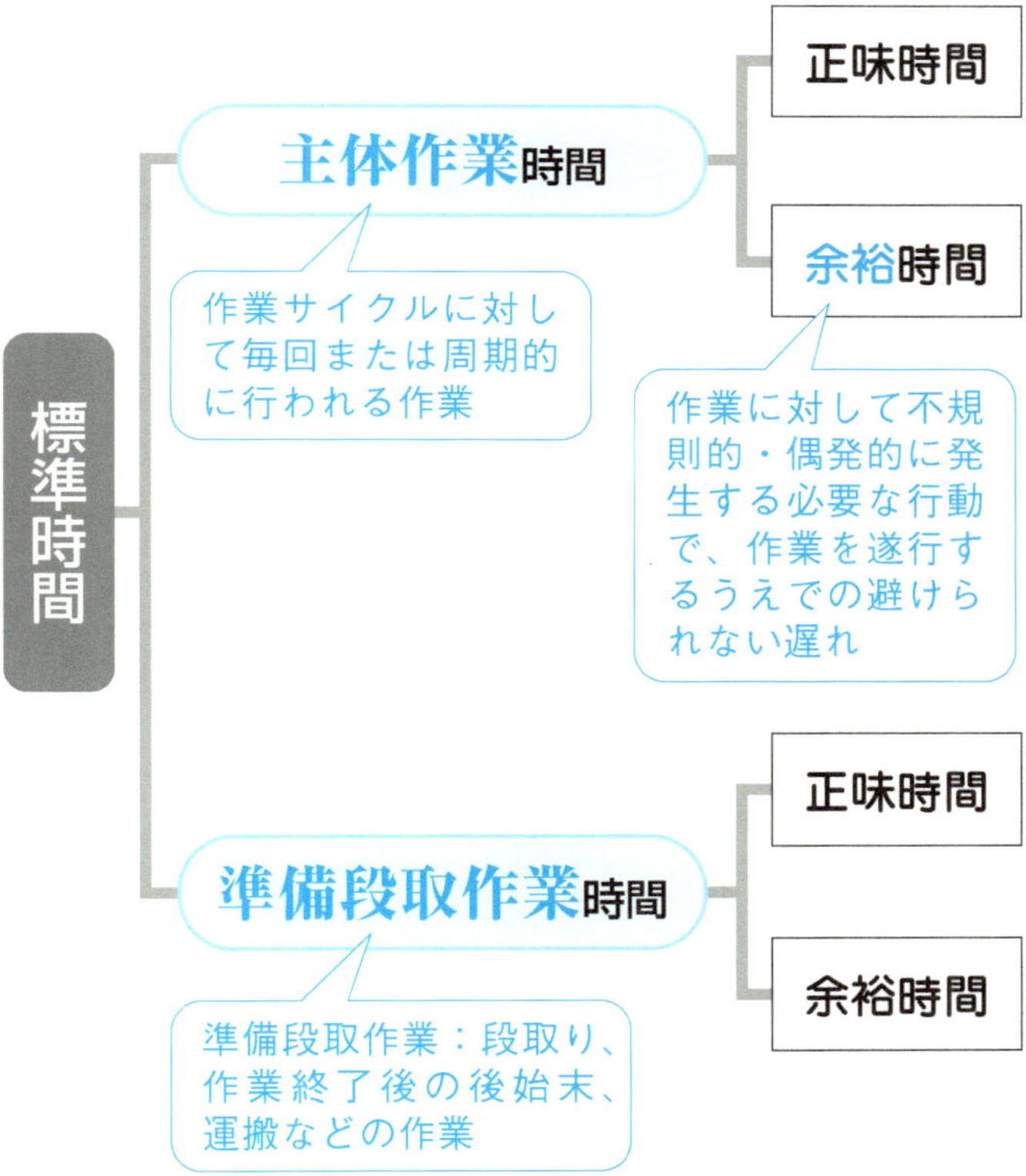

$$標準時間 = 正味時間 \times (1 + 余裕率)$$

$$余裕率 = \frac{余裕時間}{正味時間}$$

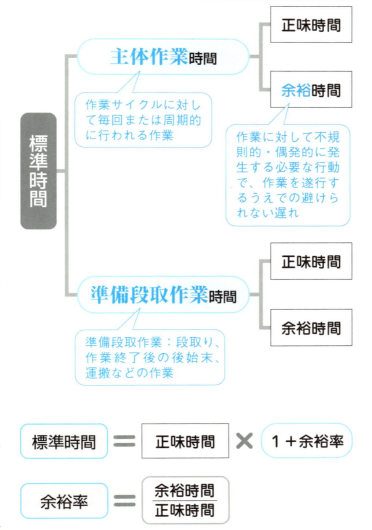

「ワークサンプリング」とは

作業者の仕事内容の時間構成比率を知りたい場合、
まず現実の作業ごとに実態を調査する必要があります。
しかし、作業者のすべてを調査するのは手間もかかって大変です。
そこで、調査対象と時間をランダムに一定の回数抽出して、
全体を推定しようという考え方が「ワークサンプリング」です。

たとえば、正味時間が30秒で余裕率が10％なら、標準時間は33秒になります。

「標準時間」の設定方法は？

標準時間を設定する場合は、作業の種類によって最適な設定方法が変わってきます。

主な設定方法としては、以下のようなものがあります。

①ストップウオッチ法

ストップウオッチで実際の作業時間を測定して、作業者の習熟度合いやスキルによって、その時間を修正して正味時間を決めます。

②ＰＴＳ法

人間の作業を基本動作に分解して、距離や難易度などの条件に応じてあらかじめ決められた時間値から作業時間を決める方法です。

③経験見積もり法

現場経験の豊富な管理者が経験によって作業時間を見積もる方法です。

◆ 標準時間設定方法の種類

標準時間設定方法

ストップウオッチ法

ストップウオッチで実際の時間を測定したあとで、レイティング（観測時間を正味時間に修正する一連の手続き）により修正して正味時間を決める

※実務上は動画で使うことが多い

PTS法（Predetermined Time Standard：既定時間標準法）

作業の距離や難易度などに応じてあらかじめ決められた時間値を使う

代表的な手法

- **WF(Work Factor)法**

  基本動作、動作距離、動作時間に影響をおよぼす変数を考慮して作業時間を決める方法

- **MTM(Method Time Measurement)法**

  基本動作、動作距離、条件に応じて作業時間を決める方法

経験見積もり法

現場経験の豊富な管理者が見積もる。ただし、正確さではPTS法などに劣る場合がある

このパートでわかること

➔ 標準時間には、主に３つの設定方法がある

14 工数計画（負荷計画・余力計画）を立てよう

工数とは、1個、または1ロットの製品・部品をつくるために必要な作業時間のことをいいます。作業者が主体のときは人時（マンアワー）、機械設備が主体のときはマシンアワーで表示します。

工数計画とは、仕事量を工数に換算して、生産能力と比較して生産できるかを考えて調整することです。工数計画は、負荷計画や余力計画と呼ばれることもあります。

工数計画を立てる場合には、工数山積表を使うことが一般的です。工数山積表は、工程別・日別・作業者別などで工数を計算してレンガを積むように積み上げたものです。そして、能力と負荷の差、つまり余力を計算し、余力がマイナスの部分があれば、その部分の負荷をほかに振り分けます。

◆「工数山積表」とは

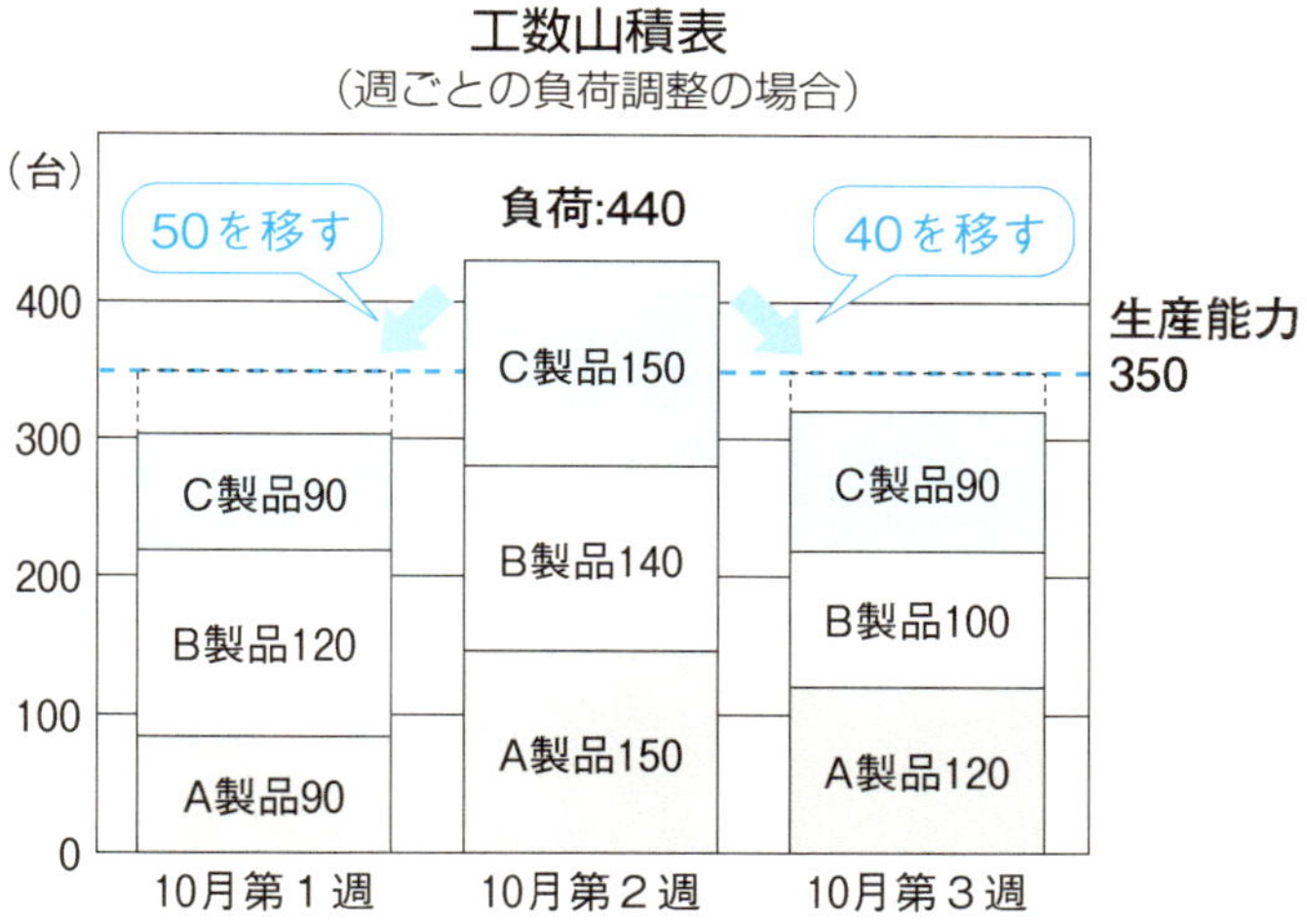

２種類のスケジューリング方式

フォワードスケジューリング

着手予定日（着手可能日）を基準として、工程順序に沿って予定を組んでいく方法

バックワードスケジューリング

完成予定日（納期）を基準として、工程順序とは逆方向に予定を組んでいく方法

このパートでわかること

➔ 工数計画には工数山積表を使う

Column 2

発注点方式の生産計画とは

通常は需要予測にもとづいて生産計画をつくりますが、発注点方式の生産計画が最近注目をあびています。

これは、工場の最終組立部門から出荷された先（倉庫部門や販売部門）の在庫の動きを工場の組立部門が把握して基準在庫を決めておき、倉庫や販売部門から在庫が減り基準在庫を下回った分だけを工場で生産する方式です。

この方式を採用すると、製品在庫全体の在庫が削減でき、製品倉庫の削減、金利負担の軽減などにより企業の利益にも貢献できます。

セル生産を実施している企業で、この方式をとっている企業が多く見られます。

ソニーでは、この方式をFMI（Factory Managed Inventory：ファクトリー・マネジド・インベントリー）と名づけ普及させています。

第 3 章

生産統制について理解しよう

⑮進捗管理などの生産統制を理解しよう
⑯「差立て」のやり方を理解しよう
⑰作業票の機能と使い方を理解しよう
⑱生産・納入・出荷管理板を理解しよう

15 進捗管理などの生産統制を理解しよう

最初に、生産統制について確認していきましょう。生産統制とは、生産計画に従って生産が行われているかどうかを的確につかみ、計画と実績との差異とその差異が生じた原因を明らかにして、対策を立てて、生産計画に近づけることです。**生産統制を行うことによって、納期が守られ、目標とする稼働率やコストを維持する**ことができます。

生産統制は進捗管理、現品管理、余力管理から構成されます。

進捗管理とは、仕事の進行状況を把握し、日々の仕事の進み具合を調整する活動のことです。

現品管理は、部品、仕掛品などの運搬・移動、停滞・保管の状況を管理する活動です。

◆ 生産統制とは

生産統制とは

生産計画に従って生産が行われているかを的確につかみ、計画と実績との差異とその差異が生じた原因を明らかにして、対策を立てて、生産計画に近づけること

● 生産統制の体系図

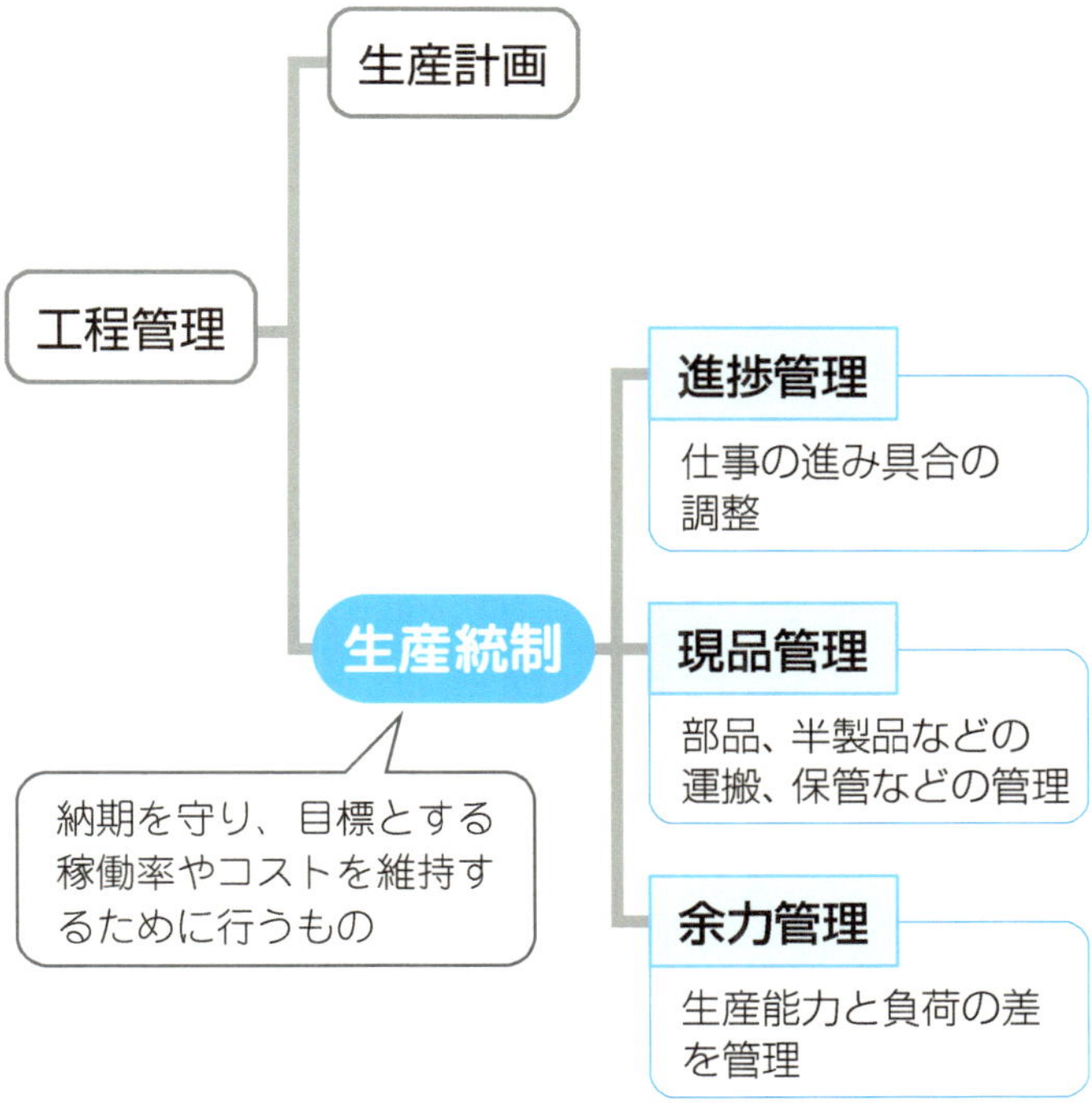

流動数曲線による基準日程の求め方

継続生産品で、毎日同じ、あるいは類似の部品が流れているときは、仕掛数から停滞期間を計算することができます。この場合の仕掛数を流動数といい、それをグラフにしたものを流動数曲線といいます。

また、**余力管理**は、現在の負荷状況と能力を把握し、作業の再配分を行うことによって能力と負荷を均衡させる活動です。

「カムアップ・システム」で当日の仕事を管理

カムアップ・システムは進捗管理を行う道具です。**作業指示用の伝票を日付順に箱のなかに立てて並べたもの**です。その日に行わなければならない仕事が当日になると手前に並ぶようにして、当日するべき仕事がすぐにわかるようにしたものです。

「流動数曲線」で仕掛数を管理

進捗管理のもう一つの便利な手法が流動数曲線です。これは**横軸に日付を取り、縦軸に累積の生産数**を取ります。そして**受入れ（インプット）と払出し（アウトプット）の累積線を書き入れたもの**です。

このグラフを見ると、横の線は停滞時間（仕掛日数）をあらわし、ある時点における縦の線が仕掛数をあらわします。

◆「カムアップ・システム」と「流動数曲線」とは

カムアップ・システム

当日しなければならない仕事をすぐわかるようにするための進捗管理の道具

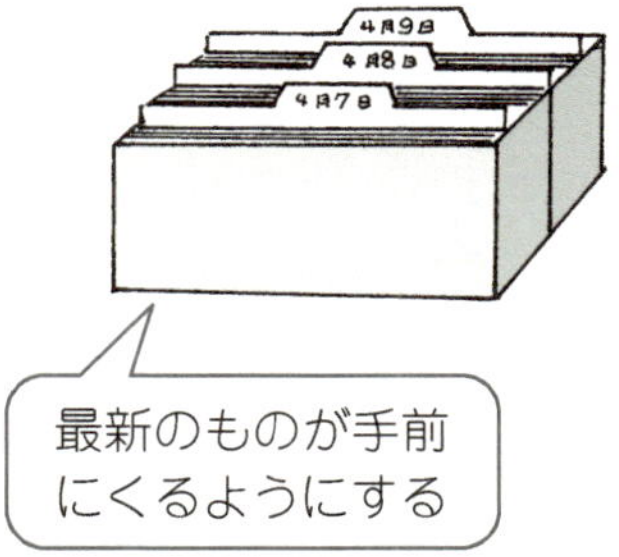

やり方

1. 作業指示用の帳票を日程順に整理しておく
2. 所定の時期に自動的に命令・督促する

【備考】
期日が過ぎたものは取り出し、つねに最新の日付が手前にくるようにする

流動数曲線

仕掛数の増減を一目でつかめるようにするための進捗管理の道具

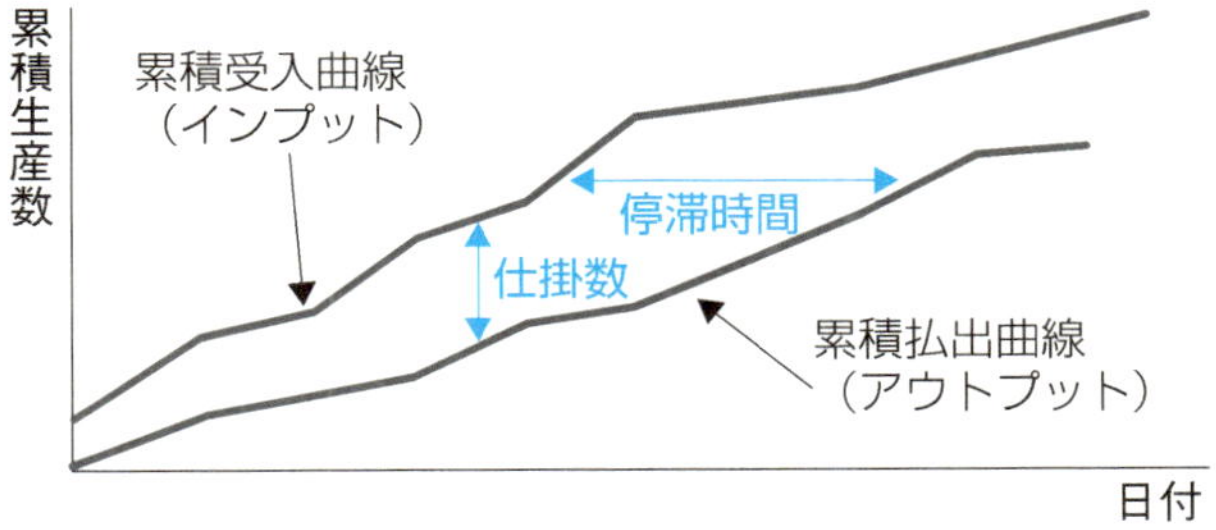

横の線は停滞時間（仕掛日数）、ある時点における縦の線が仕掛数をあらわす

16

「差立て」のやり方を理解しよう

「差立て」で次の加工作業を指示

「差立て」は、ある機械や設備で1つの加工が終わったときに、次に加工すべき作業を決定して指示する活動です。

英語ではディスパッチング（dispatching）といいます。

差立ては、以下の2つの業務から構成されます。

①作業手配

作業に必要な材料、部品、工具、図面などを準備する業務を行います。

②作業割当

各作業者、機械ごとに作業を割り振る業務を行います。

◆「差立て」とは

差立てとは

ある機械や設備で、1つの加工が終わったときに、次に加工すべき作業を決定し、指示する活動のこと

● 差立ての業務構成

差立て

- **作業手配**
  作業に必要な材料、部品、工具、図面などを準備する業務
- **作業割当**
  各作業者、機械ごとに作業を割り振る業務

日程計画や手順書にもとづいて行います

17 作業票の機能と使い方を理解しよう

工程管理で使用される伝票を総称して**「作業伝票」**といいます。

作業伝票には、作業内容の指示をあらわす**「作業票」**、材料の払出用の**「出庫票」**、工程間の移動用の**「移動票」**、検査依頼・記録・判定を記録する**「検査票」**があります。

「作業票」の使い方を押さえよう

作業票は現品管理を正しく行うための道具といえます。**日程計画を作成している部署が作成**して、**組立課、製造課などのライン部門の監督者に対して発行**します。ライン部門の監督者は、作業票の情報をもとにして、作業者と機械に作業の割りあてをします。作業者は作業票ごとに作業を行います。

作業伝票の種類と「作業票」の例

作業伝票の種類

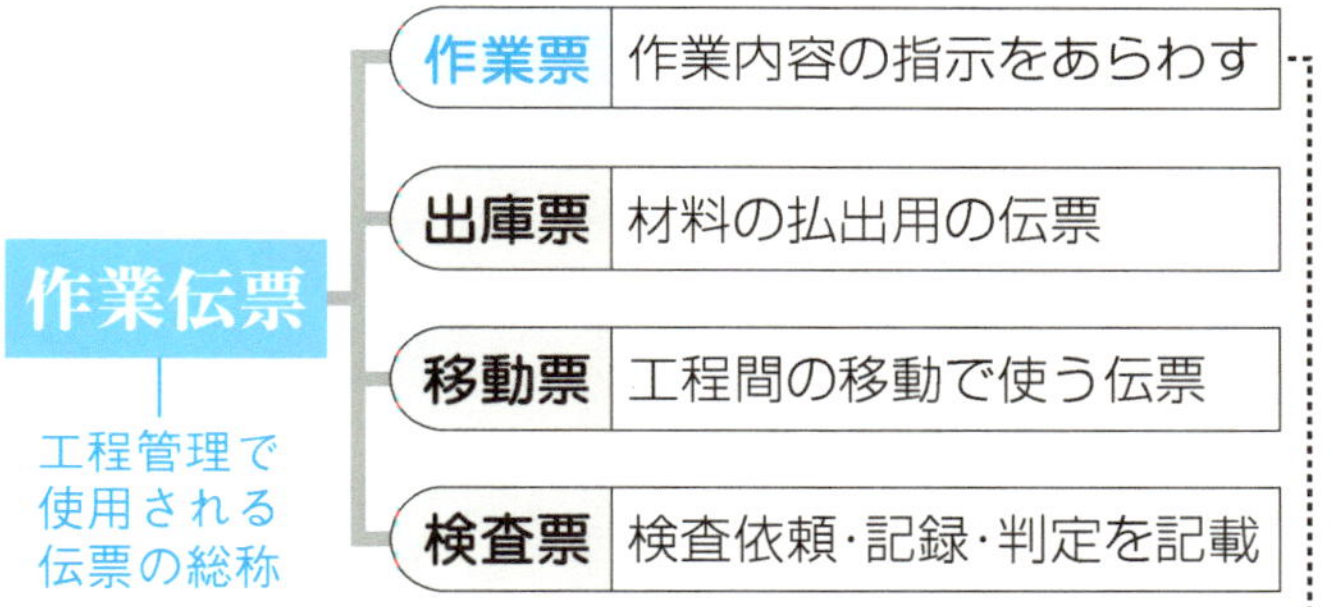

作業票の例

作業票

図番	部品名	数量
コード		

職場	グループ	工程
機械名	作業者名	標準時間
作業予定日	完成日	次工程
加工数	不良数	不良原因

作業開始時間	作業終了時間	所要時間

発行者	作業長	検査	記録	工程	情報部門

このパートでわかること

➔ 作業票は、現品管理を正しく行うための道具

18 生産・納入・出荷管理板を理解しよう

全体の状況を即座にとらえるには？

生産状況、部品の納入状況、製品の出荷状況を知る場合、従来は、パソコン画面で部品番号や製品番号を入力して、予定に対する進度を確認する方法が主流でした。しかし、そういった方法では、断片的な情報はわかっても、全体の状況を即座にとらえることは困難でした。

また、社長、工場長などの経営者・上級管理者が工場を訪れ、各現場を視察した場合も、**問題の有無を即座に認識する**ことは困難でした。

これらの問題を解決し、「目で見る管理」を実現する手段が、これから紹介する生産管理板・納入管理板・出荷管理板です。

◇「生産管理板」とはどのようなものか

一般的に使われている進捗管理用電光掲示板

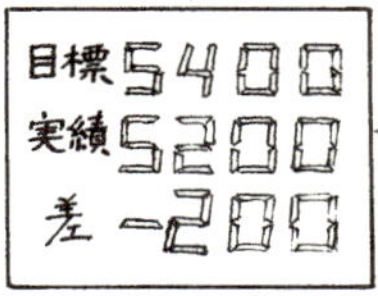

進度遅れの原因がつかみにくい

生産管理板の例

ライン名				
	生産予定／累積	生産実績／累積	差異	差異の原因と対策
8:30〜 9:30				
9:30〜10:30				
10:30〜11:30				
11:30〜12:30				
13:30〜14:30				
14:30〜15:30				
15:30〜16:30				
16:30〜17:30				
残業時間				
備考				

誰が見ても正常か異常かが一目でわかるようにするためのもの。管理の精度を月→日→時間と上げ、異常に対して素早い対策を取ることが大切

納入時間を細かな単位にする

部品や材料の納期については、1日単位で決めている企業も多いと思います。そういった企業が「納入管理板」を導入する場合は、まず管理の単位を短くする活動が必要になります。

個々の部品（材料）メーカーと交渉して、
1日→半日→2時間→1時間と徐々に細かな単位で
納入時間を決めていく必要があります。

「生産管理板」で進捗状況をつかむ

組立部門における進捗状況については、従来は2時間単位で、電光掲示板で行うことが多かったのですが、進度遅れの原因がつかみにくいといった問題がありました。

こういった問題を解決する手段として導入するのが、「生産管理板」です。

生産管理板は、85ページのように**縦に1時間ごとの時間帯**を書き、**横には、各職場単位の生産予定および累積数、生産実績および累積数、差異、差異の原因と対策**を書きます。

生産管理板の目的は、以下の2点です。

①誰が見ても正常か異常かが一目でわかるようにする
②管理の精度を月→週→日→時間と上げ、異常に対して素早い対策を取る

「納入管理板」で納入遅延を把握する

納入管理板を導入する前提として、部品メーカーごとに納入する時間帯を明確に決めておくことが必要です。

◆「納入管理板」とはどのようなものか

納入管理板の例

10月16日	トラックヤード1	トラックヤード2
8:30～ 9:30	A B F	C D
9:30～10:30	C D H I	L M N
10:30～11:30	L O Q S	I T X
•		
15:30～16:30		
16:30～17:30		
備考		

どの部品に納入遅延が生じているかが一目でわかるようにするためのもの。部品メーカーごとに納入する時間を明確に決めておくことが必要

手順

1. 部品メーカーごとに表と裏の色が異なる札をつくり、表を向けて管理板に下げておく
2. 納入されたタイミングで札を裏返す

出荷トラックに合わせて生産

出荷管理板を導入すると、出荷トラックに合わせて生産をするという感覚が出てきます。たとえば、トラックが4時間おきに1台到着して、1台のトラックに800個の製品を載せるということがわかると、1時間に200個の製品をつくればよいという発想になり、製品在庫を最小に抑えることができるようになります。

納入管理板は、ある1日にどの部品メーカーのトラックが、どのトラックヤードに、どの時間帯に納入にくるか、さらに、その納入が遅延しているかどうかが一目でわかるツールです。

部品メーカーごとに表と裏の色が異なる札を管理板に下げておき、納入されたタイミングで札を裏返すことによって、納入遅延が生じているかどうかが一目でわかるようにします。

「出荷管理板」で出荷状況をチェック

生産ライン単位に、**いつ、どこへ、どれだけの量を出荷するかについて、予定と実績を時間単位で記入**したものが出荷管理板です。

出荷管理板を見ることにより、誰がいつ出荷場にきても、その日の出荷予定と異常の有無がすぐにわかるようになります。

出荷場は工場のなかで唯一売上げが立つ場所です。工場の上級管理者が毎日の出荷状況に関心をもつことはきわめて重要なことであるといえます。

◆「出荷管理板」とはどのようなものか

出荷管理板

製品の出荷時に、生産ライン単位に、いつ、どこへ、どれだけの量を出荷するかの予定と実績を時間単位で記入したもの

出荷管理板の例

10月16日	出荷先	ライン1 予定／実績	ライン2 予定／実績
8:30～ 9:30			
9:30～10:30			
10:30～11:30			
•	•	•	•
15:30～16:30			
16:30～17:30			

誰が見ても、その日の出荷予定と異常の有無がすぐにわかるようにしたもの。とくに工場の上級管理者は、唯一の売上げが立つ場所として出荷状況について、関心をもとう

このパートでわかること

➔ 出荷管理板で、生産ラインごとの出荷をチェックする

Column 3

出荷場の重要性を見直す

世の中の一般的な感覚として、出荷場の重要性はあまり認識されていません。工場長や製造部長が、出荷場へ状況確認に行く頻度も決して多いとはいえないでしょう。新入社員が出荷場に配属になって、がっかりすることも少なくありません。

しかし、このような感覚は明らかに間違いです。なぜなら、出荷場からの出荷状況によって工場の売上げは決まるのです。また、企業のトータル在庫を削減するためには、出荷場の出荷スケジュールに合わせて生産計画をつくることが重要です。

セル生産の指導で有名なあるコンサルタントは、工場を見るときに、まず出荷場から見て生産と逆回りに見ていきます。また、工場長に自分の机を出荷場にもってくるようにいいます。これは、工場長や製造部長などの上級管理職が出荷の状況につねに関心をもつように、いましめとしての言葉なのです。

第4章

材料計画について理解しよう

19 資材所要量計画（ＭＲＰ）とは何か

生産管理システムのなかでもっとも幅広く普及しているＭＲＰ

ＭＲＰとは、英語のMaterial Requirements Planningの頭文字を取ったもので、日本語では「資材所要量計画」と訳されます。

ＭＲＰを適用する場合は、部品、材料などを**「独立需要品目」**と**「従属需要品目」**に分け、次ページの手順で計算を行います。

独立需要品目とは、最終製品やサービスパーツなどのように、受注または需要予測にもとづいて必要な量や時期が決定される品目のことをいいます。

一方、従属需要品目は、独立需要品目や親部品の需要から計算できる品目をいい、**通常のほとんどの部品**が該当します。

ＭＲＰでは**従属需要品目**が所要量計算の対象となります。

◇「MRP」とはどのようなものか？

▶「MRP」とは

MRP（**M**aterial **R**equirements **P**lanning）
資材所要量計画

MRP は計画主導の押出方式
（プッシュ方式）

▶「MRP」の総所要量計算の手順

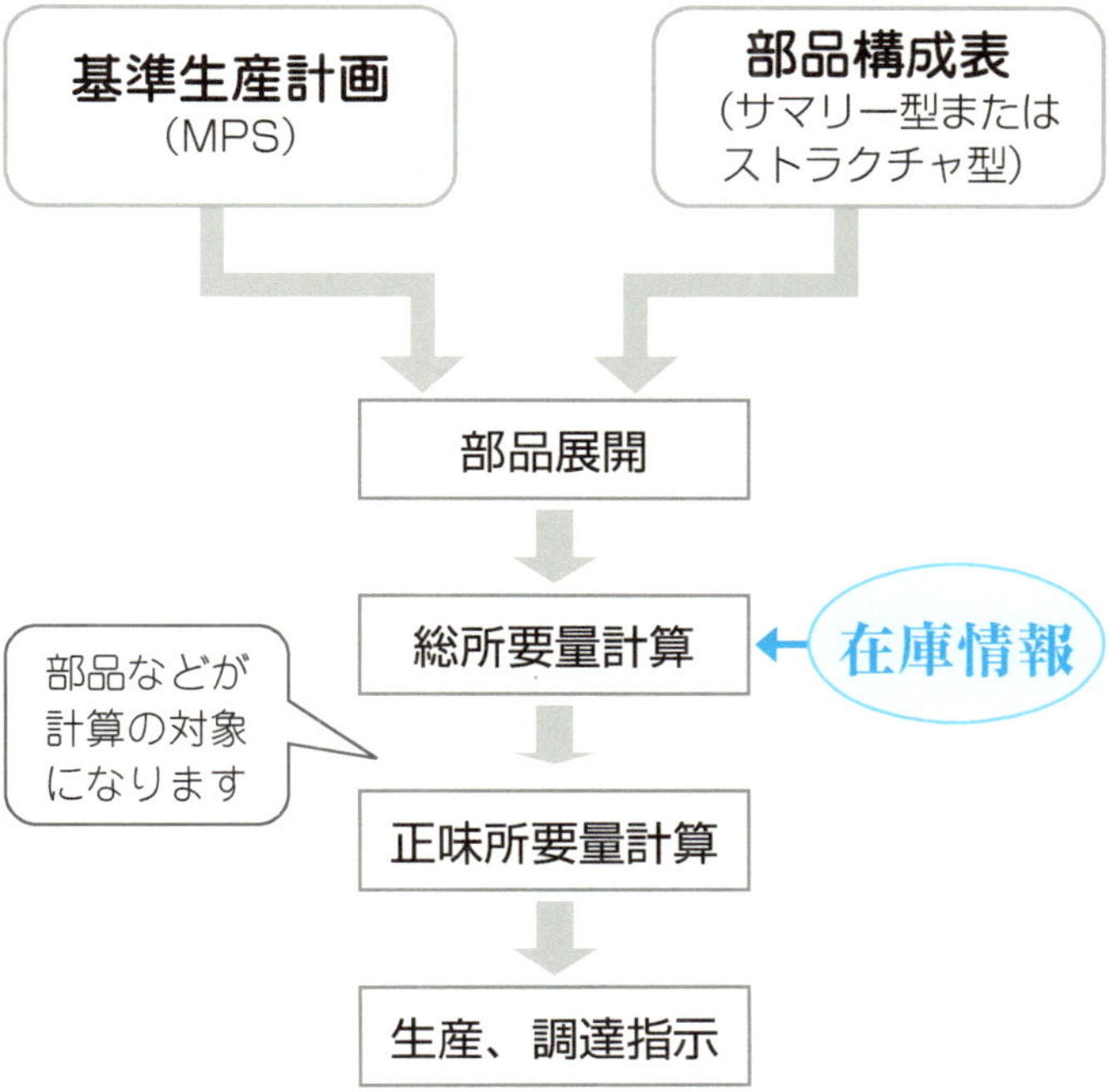

20

2種類の部品表について理解しよう

「ストラクチャ型」と「サマリー型」

MRPで用いられる部品構成表は、**BOM**（Bill of Material）と呼ばれ、部品の親子関係を木構造で表現した「ストラクチャ型」と表形式であらわした「サマリー型」の2種類があります。

ストラクチャ型は、それぞれの部品が親部品に対していくつ使用されるかを、すべての場合について表現したものです。複数の親部品に使われる共通部品も、ストラクチャ型部品表であらわすと、親子関係が明確にわかるようになります。ストラクチャ型部品表がよく使われるのは、階層関係が複雑な場合です。一方、**サマリー型部品表**は、最終製品を1つつくるのに必要な部品の種類と個数を1つの階層であらわした部品表です。

「ストラクチャ型部品表」と「サマリー型部品表」とは

ストラクチャ型部品表	部品の親子関係の連鎖から、部品構成を木構造で表現したもの

● ストラクチャ型部品表の例

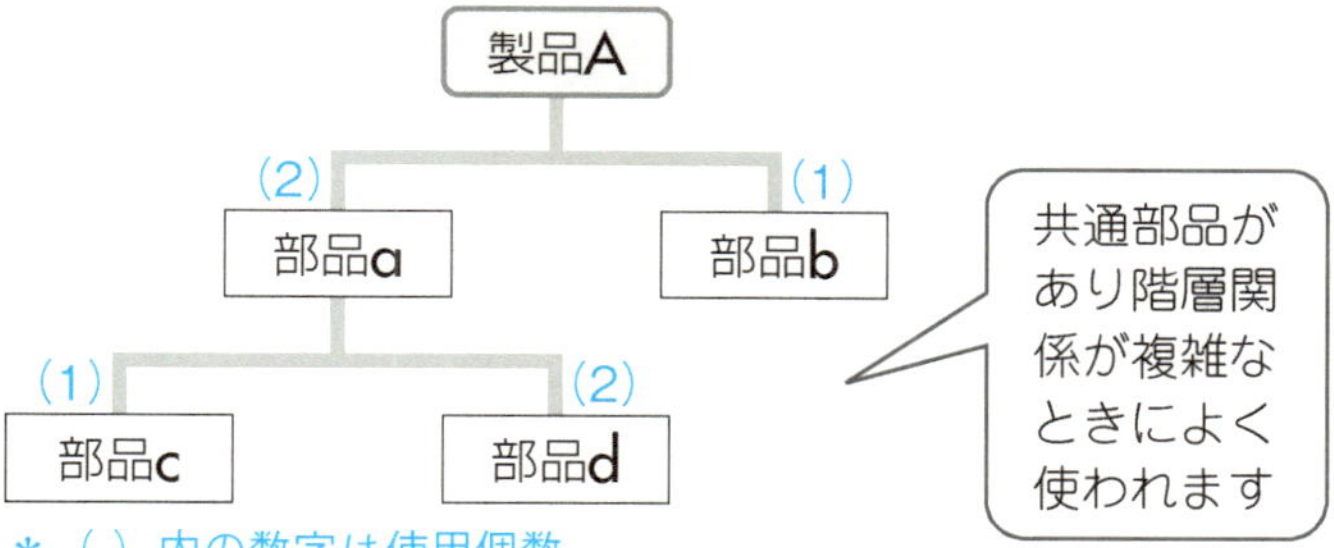

＊（ ）内の数字は使用個数

サマリー型部品表	最終的な子部品と使用個数を１つの階層で表現したもの

● サマリー型部品表の例

（上のストラクチャ型部品表をサマリー型に変えたもの）

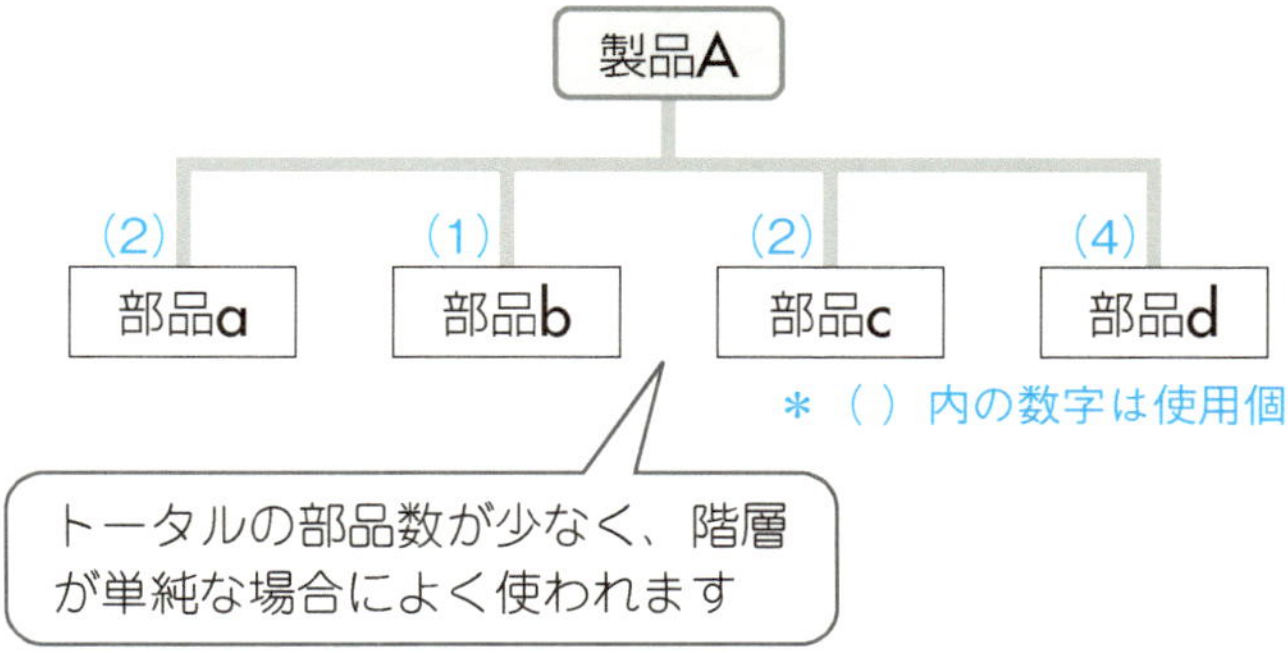

＊（ ）内の数字は使用個数

21 部品の所要量計算のやり方は？

「総所要量」と「正味所要量」とは

ＭＲＰで部品の発注数と納期を決定して、注文書を発行する場合には、「総所要量」と「正味所要量」の2つを計算する必要があります。

総所要量は、生産計画にもとづいて最終製品をつくるときに、各部品がいくつ必要になるかという総必要数のことです。総所要量は、**サマリー型部品表の最終使用個数に製品の生産台数を掛ける**と計算できます。

正味所要量は、総所要量から手持在庫と発注残を引いた数で、生産計画に対して**どの部品がいくつ足りないかを示す**ものです。

ＭＲＰは、余分な部品を発注しないで、必要なものを必要なだけ発注するというしくみになっています。

◇「総所要量」と「正味所要量」とは

総所要量・正味所要量　MRP で部品の発注量と納期を決定するために計算するもの

総所要量とは

ある製品の生産に必要な部品の総必要数

計算方法

親部品から部品構成レベルごとに計算する。
算式は下記のとおり

計算式　サマリー型部品表の最終使用個数 × 製品の生産数

正味所要量とは

生産計画に対してどの部品が
いくつ足りないかを示す

計算方法

下記の算式で計算する

計算式　総所要量 − 手持在庫＋発注残

「部品展開」とは

部品展開とは、最終製品の生産量が決まったときに、その製品をつくるための部品の種類と数量を計算によって求めることです。部品展開を行う場合は、ストラクチャ型の部品表を使い、親部品から子部品へ何段階にもわたって所要量計算を行い、最終的な所要量を決めます。

MRPのメリットは、製番紐つきがなく品目ごとに管理するため、共通部品の管理をしやすいこと。デメリットは、計算法が複雑なことと、在庫管理と手配残の把握をきわめて正確にしなければならないことです。

「タイムフェイズ」と「タイムバケット」とは

MRPを理解するうえで、もう一つ押さえておきたいのは、「タイムフェイズ」と「タイムバケット」です。

タイムフェイズは時間の流れを適切な小期間に区切って、この小期間で生産活動を計画・統制する行為をいいます。

また、タイムフェイズされた各期間を**タイムバケット**といいます。

MRPの大きな特徴は、タイムバケットを単位として、部品展開、所要量計算などを行い、**各部品の納入時期や数量などを計算する**ことです。

コンピュータの能力があまり高くなかった時代には、タイムバケットを1週間にすることが多かったのですが、最近は1日に設定することが多くなっています。

◆「タイムフェイズ」と「タイムバケット」とは

タイムフェイズ

連続した時間を適切な小期間に区切ってその期間で所要量計算などを行い、生産活動を計画・統制する行為

●金曜日の終了後に区切る場合

5日	6日	7日	8日	9日	10日	11日	12日	13日
（金）	（土）	（日）	（月）	（火）	（水）	（木）	（金）	（土）

タイムバケット

タイムフェイズされた各期間のこと

6日	7日	8日	9日	10日	11日	12日
（土）	（日）	（月）	（火）	（水）	（木）	（金）

タイムフェイズされた期間
＝
タイムバケット

このパートでわかること

➔「総所要量」と「正味所要量」、「タイムフェイズ」と「タイムバケット」を押さえる

22

製番管理方式とは

✿ 個別生産などに有効な「製番管理方式」

MRP以外の代表的な生産方式として、「製番管理方式」があります。

製番管理方式は、個別生産やロット数が少ないロット生産でよく用いられる生産方式で、**製造命令書を発行するときに、製品の受注単位に製番を付与して、生産計画を立案して、部品の発注を行います。**製番管理には、①日程変更が容易である、②部品などを製品ごとに把握するので、個別に原価管理ができる、メリットがあり、一方で①共通部品の管理が面倒であること、②納期管理が大変であることというデメリットがあります。

◆「製番管理方式」とはどのようなものか

製番管理方式　製品に番号をつけ、すべての部品をその番号に関連づける管理方式

● 製番管理方式の例

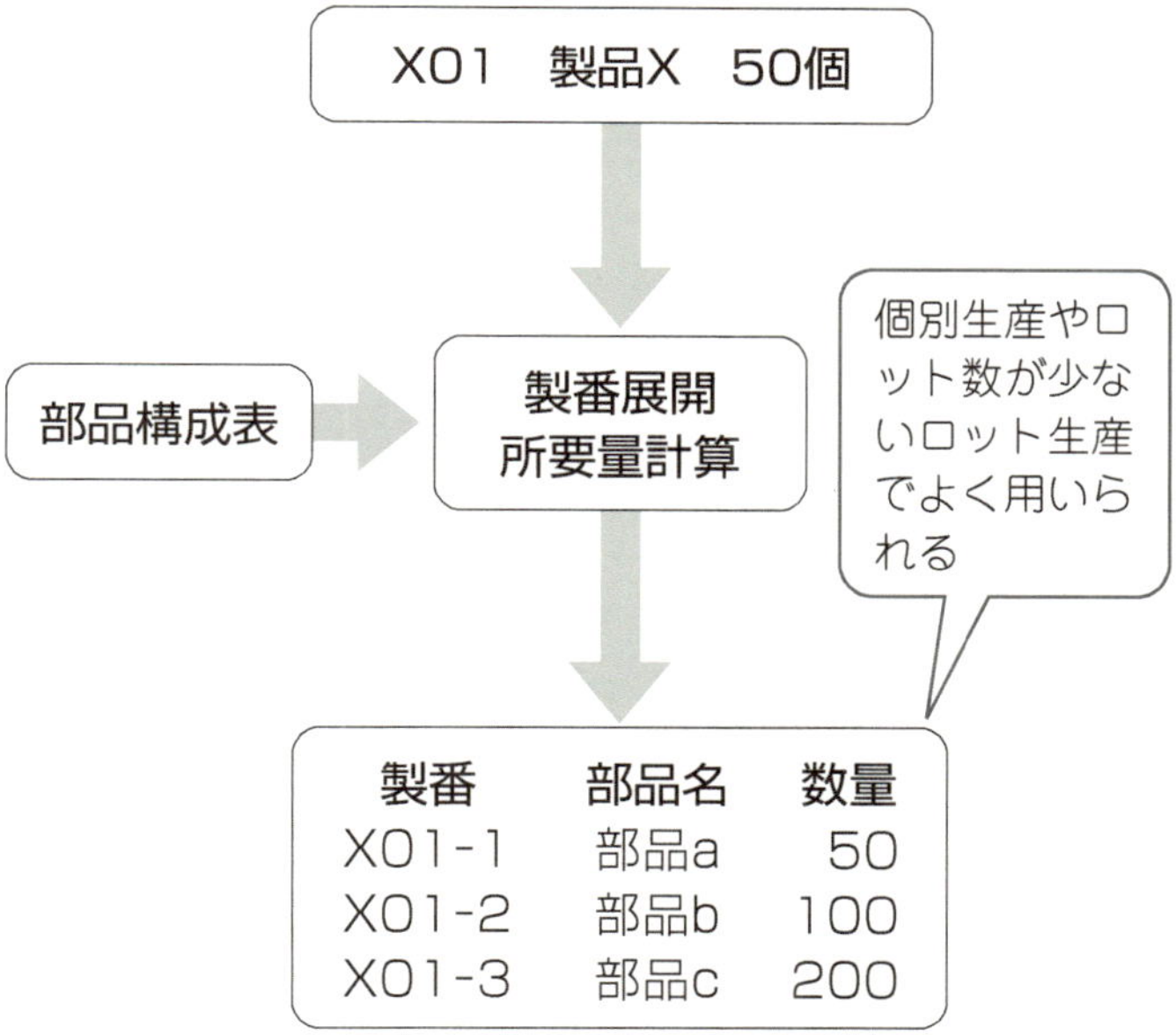

メリット

- 日程変更が容易
- 個別に原価管理が可能

デメリット

- 共通部品の管理が面倒
- 納期管理が大変

Column 4

MRPⅡとERPって何だろう？

MRPⅡは、Manufacturing Resources Planning Ⅱの略です。日本語では製造資源計画と訳されます。単にMRPにⅡがついただけでなく、MとRの部分の言葉自体が通常のMRP（Material Requirements Planning）とは異なる点に注意が必要です。

MRPⅡは、1980年代後半頃から米国を中心に発展しました。従来のMRPの上流や下流の分野もカバーしており、トップマネジメントに対する情報提供の部分も含みます。日本では、かんばん方式やセル生産なども普及しつつあるため、MRPⅡの普及はそれほど進んでいません。

20年ほど前からERPシステム（Enterprise Resources Planning System）が注目を浴びています。ERPは、生産管理、在庫管理、販売管理、財務管理などの業務に対して、その企業が独自にプログラムをしてシステムを構築するのではなく、総合業務パッケージソフトをカスタマイズ（一部修正）してシステムを構築する手法です。

第5章

資材・購買管理と外注管理を理解しよう

23

「購買管理の5原則」を理解しよう

「購買」とは何をすることか？

製造業の製造原価のなかで最大の比率を占めているのは、原材料費・購入部品費です。平均すると50％に達しているといわれています。それだけ購買は重要であるといえます。

購買とは、生産に必要な設備、材料、部品、消耗品などの資材を購入することで、工場のなかでは購買課、調達課などの部門が購買を担当します。購買は一般の市販品も含むので、この部分があとで説明する外注とは異なります。

購買活動においても、前に述べたＱＣＤをつねに意識する必要があります。**適正な品質のものを（Ｑ）、適正な価格で（Ｃ）、適正な納期で（Ｄ）**購入することが購買活動の基本です。

◆「購買」について押さえよう

購買とは

生産に必要な設備、材料、部品、消耗品などの資材を購入すること

購買による部品買入

部品を供給する会社が設計・生産したものを購入する

外注による部品買入

自社で設計し、部品メーカーが生産したものを購入する

●購買とQCDの関係

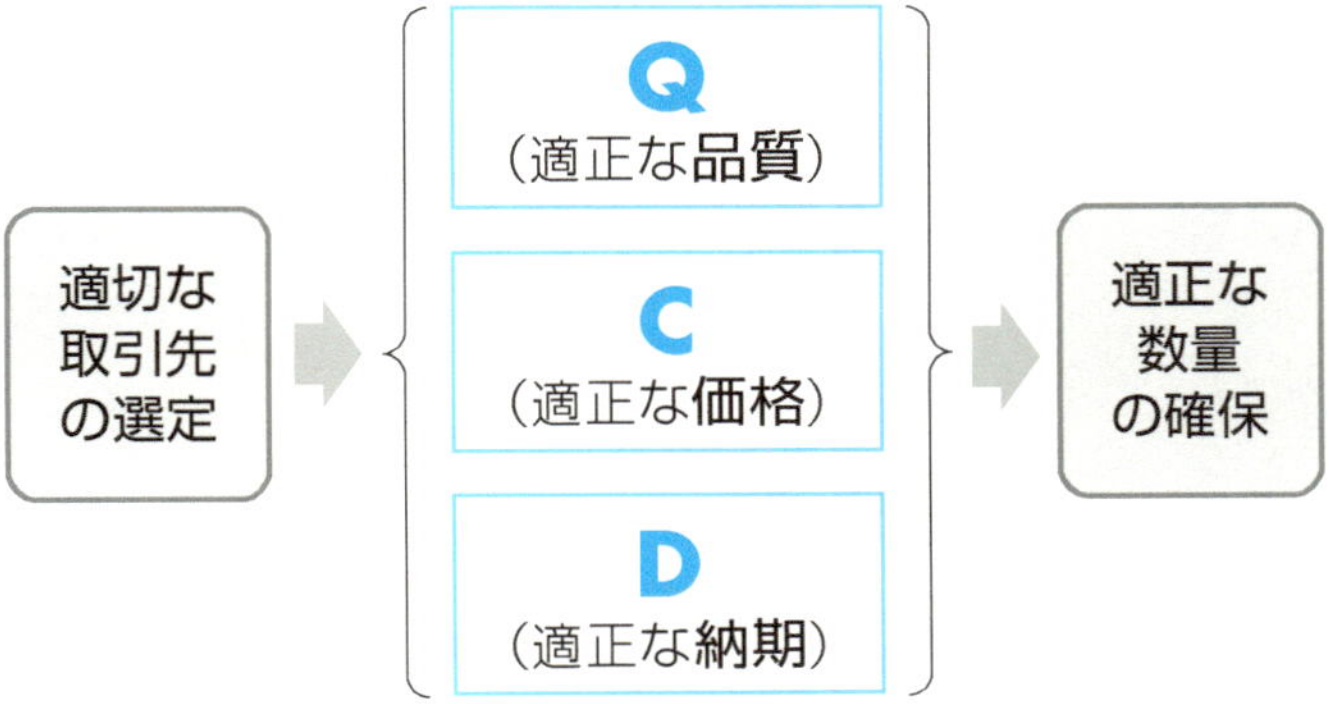

購買管理のステップ

購買管理を行う場合は次のようなステップを踏みます。
①基本指針、購入先との契約方法などの購買方針を決定します。
②どの品目を、いつ、どれだけの量を買うかという購買計画を決めます。
③価格や量を決定したうえで、発注・契約を行います。
④伝票処理や支払事務などの事務処理を行います。

「購買管理の5原則」を知っておこう

購買活動を行ううえで重要な5つの原則を「購買管理の5原則」といいます。

これは次の5つをいいます。

①適正な取引先を選定し確保すること（取引先管理）
②適正な品質（仕様）を確認し確保すること（品質管理）
③適正な数量を把握し確保すること（数量管理）
④適正な納期を設定し確保すること（納期管理）
⑤適正な価格を決定し履行すること（価格管理）

第1の原則（取引先管理）は、業者の情報をつねに収集し、ＱＣＤのレベルや経営内容を把握することによって達成できます。第2の原則（品質管理）は、自社の不良品を減らすためには当然のことです。第3の原則（数量管理）と第4の原則（納期管理）は、部品切れを防ぎ、かつ過剰在庫を防ぐうえで必要です。第5の原則（価格管理）は、必要以上に安く購入することではありません。必要以上に安く購入すると、取引先との継続的な取引が困難になります。

◆「購買管理の5原則」を押さえよう

原則1　取引先管理
適正な取引先を選定し確保すること

原則2　品質管理
適正な品質（仕様）を確認し確保すること

原則3　数量管理
適正な数量を把握し確保すること

原則4　納期管理
適正な納期を設定し確保すること

原則5　価格管理
適正な価格を決定し履行すること

このパートでわかること
➔ 購買管理には「5つの原則」がある

24 さまざまな購買方式を理解しよう

購買方式は、組織面、価格決定方式、時期と数量などさまざまな観点から分類できます。ここでは、それらの購買方式の具体的な内容について説明します。

企業規模が大きく、本社以外に工場が数カ所に分散しており、関係会社もあるような企業では、購買方式には、**①集中購買方式**、**②分散購買方式**、**③グループ購買**という分類があります。これは購買組織にもとづいて分類したものです。

価格決定方法にもとづく分類では、**①競争入札方式**、**②協議方式**、**③指値《さしね》方式**、**④随意契約方式**の４つがあります。

購買方式を時期と数量によって分類すると、**①当用買い（都度購入方式）**、**②定期購買方式**、**③見込仕入方式**の３つになります。

◆ 購買方式の分類と購買組織による分類

購買組織にもとづく分類

❶ 集中購買方式
発注契約や業務を本社で集中的に行う方式。まとめ買いをすることによって価格の引下げ、標準化などのメリットがある

❷ 分散購買方式
各工場など、必要とする場所ごとに分散して購入する方式

❸ グループ購買
系列会社や企業グループが一括購入して、集中購買よりもさらに価格の引下げをねらう方式

価格決定方法にもとづく分類

❶ 競争入札方式
購入内容、条件などを公開して、応募企業の入札によって購入先を決定する方式

❷ 協議方式
受注者側から提出された見積書の内容をもとにして、発注者側と協議のうえで価格を決定する方式

❸ 指値方式
発注者側が見積もり計算にもとづき価格を指定して、受注者側が合意した場合に契約をする方式

❹ 随意契約方式
1社または複数の会社を指定して、発注する都度、価格と納期を決める方式

時期と数量による分類

❶ 当用買い（都度購入方式）
必要なものを必要なだけその都度購入する方式。主として特殊材料に適用される

❷ 定期購買方式
生産計画にもとづいて、定期的に必要数量を発注する方式

❸ 見込仕入方式
相場による価格変動が大きいものは、価格が安いときに大量にまとめて購入する方式

25 外注管理について理解しよう

前の項目で説明した購買と外注とはどこが違うのでしょうか。

外注とは、一般の市販品ではなく、外部の企業（外注工場、協力工場）などに納期を指定して自社独自の設計、仕様の部品などを発注することをいいます。

つまり、外注はものを購入することではなく、用役の調達であるといえます。

「外注管理」とはどのようなことか

外注管理とは、最適な内外製の区分を行い、製造を委託した外注先から安定的に用役を調達するために行うものです。

品質、コスト、納期などの管理や、外注依頼書の発行、必要部品の取揃支給、図面の貸与、外注納期管理、外注先からの入庫処理なども行います。

◆「外注」とは

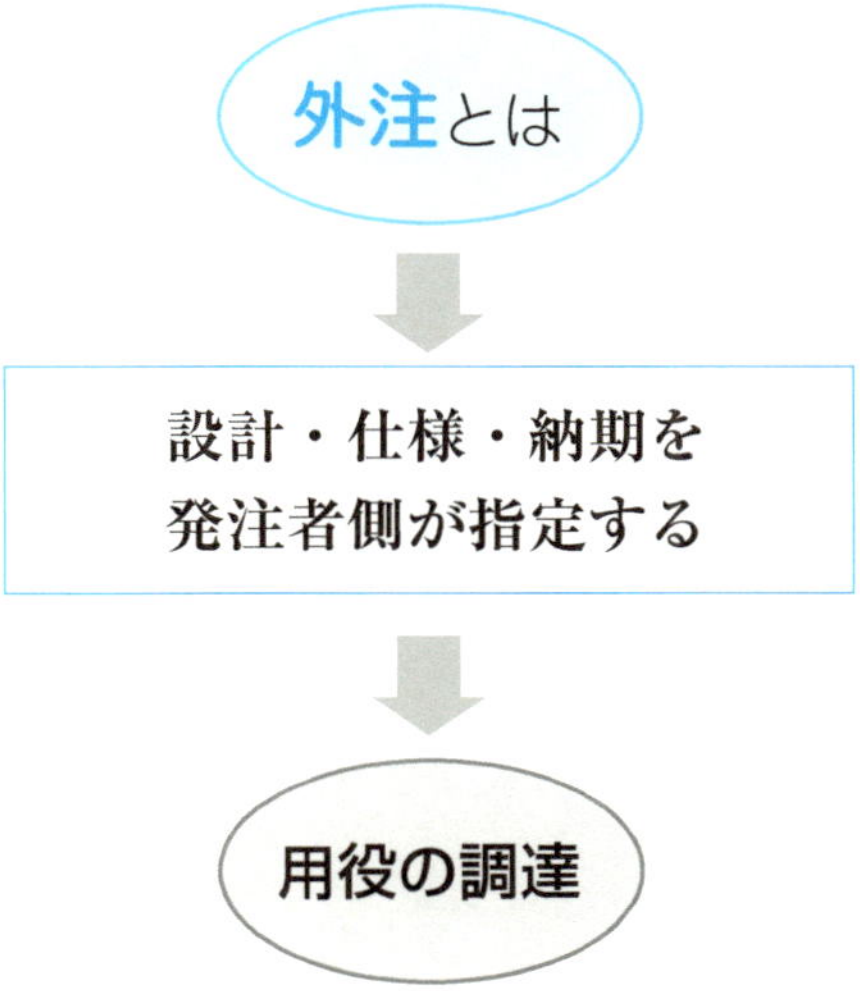
外注とは
設計・仕様・納期を
発注者側が指定する
用役の調達

● 外注の流れ

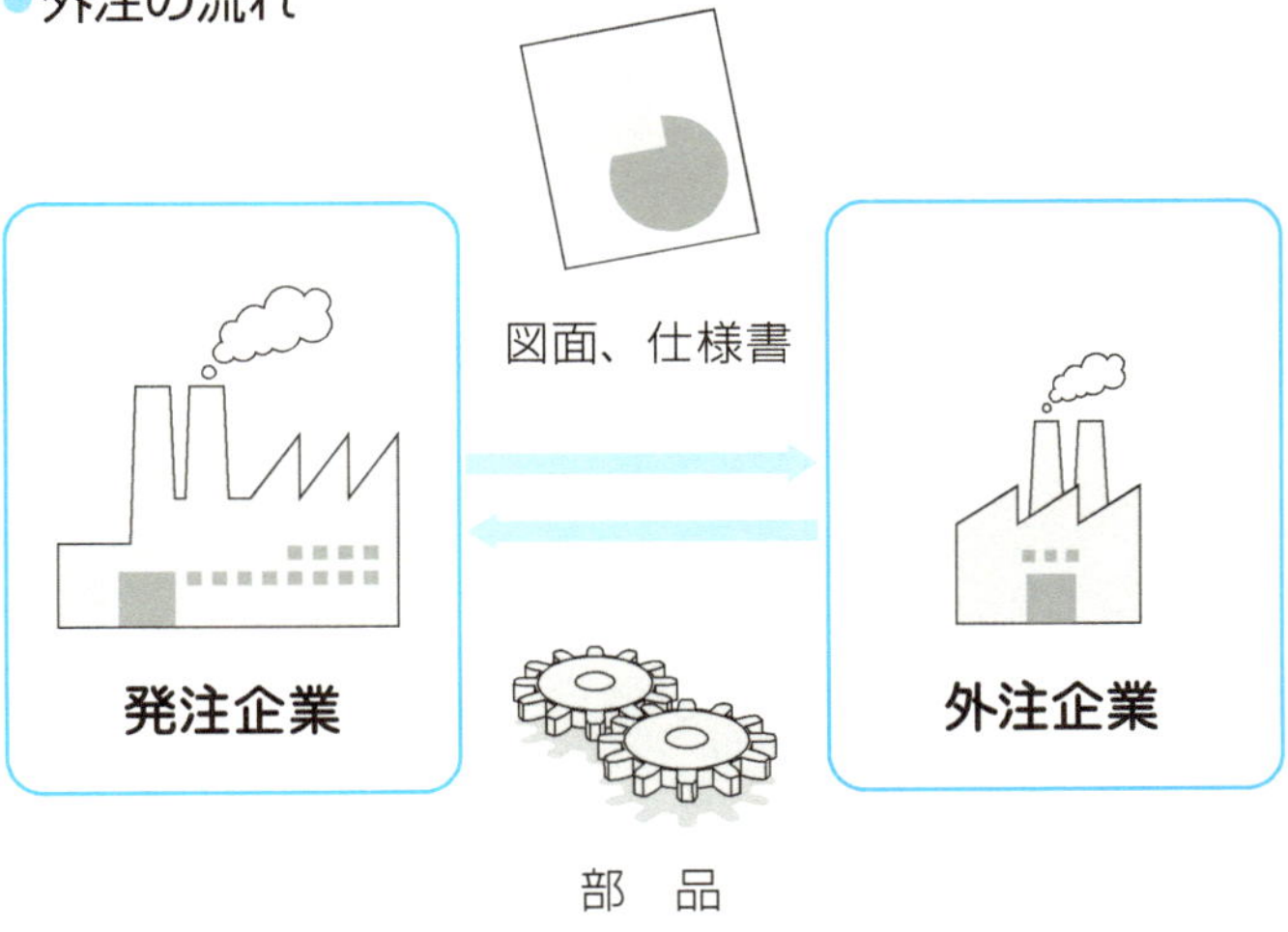
図面、仕様書
発注企業
外注企業
部　品

「下請法」とはどんな法律？

外注を利用する場合、下請法（下請代金支払遅延等防止法）について十分に知っておく必要があります。
これは発注する企業と受注する企業の資本金などが一定の条件を満たす場合に適用される法律です。
この法律が適用される取引には、「買いたたき」や下請代金の支払遅延、部品の受領拒否などが禁止されます。

外注を利用する目的には、次のようなものがあります。

①自社の技術の補完
②生産能力の補完
③要求品質の確保
④低コストへの期待
⑤過重投資の回避

それと関連しますが、ある企業が部品などを製造する際に内作にするか外注にするかを決める活動を**内外製区分**（make or buy）といいます。

内外製区分を決定する要因には、

①企業機密、技能継承などの方針展開
②採算、コスト面
③技術力、治工具製作などの固有技術
④人的余裕、操業度などの負荷

などがあります。

◆ 外注利用の目的と内外製区分の決定要因

外注利用の目的

- 目的1　自社の技術の補完
- 目的2　生産能力の補完
- 目的3　要求品質の確保
- 目的4　低コストへの期待
- 目的5　過重投資の回避

内外製区分の決定的要因

- 目的1　企業機密、技術継承などの方針展開
- 目的2　採算、コスト面
- 目的3　技術力、治工具製作などの固有技術
- 目的4　人的余裕、操業度などの負荷

ある企業が部品などを製造する際に内作にするか外注にするかを決める活動を内外製区分（make or buy）という

このパートでわかること

➔ 外注には5つの目的がある

26 発注方式の違いを理解しよう

「定期発注方式」とはどんなものか

定期発注方式とは、発注時期になると、その都度、発注量を決めて発注する在庫管理方式のことです。発注間隔は一定であり、発注量は発注ごとに異なり、少量ずつ、またはその都度、必要数を発注することになります。

定期発注方式は、一般的には、単価が高く、重要な品目に適用します。

発注量は次の式であらわせます。

発注量＝（発注間隔＋調達期間）中の需要推定量－発注残－手持在庫量＋安全在庫量

この式のなかの「安全在庫」とは、需要変動または補充期間の不確実性（不良の発生など）を吸収するために必要な在庫のことを指しています。

◇ 定期発注方式とは

定期発注方式

発注時期になると、その都度、発注量を決めて発注する在庫管理方式

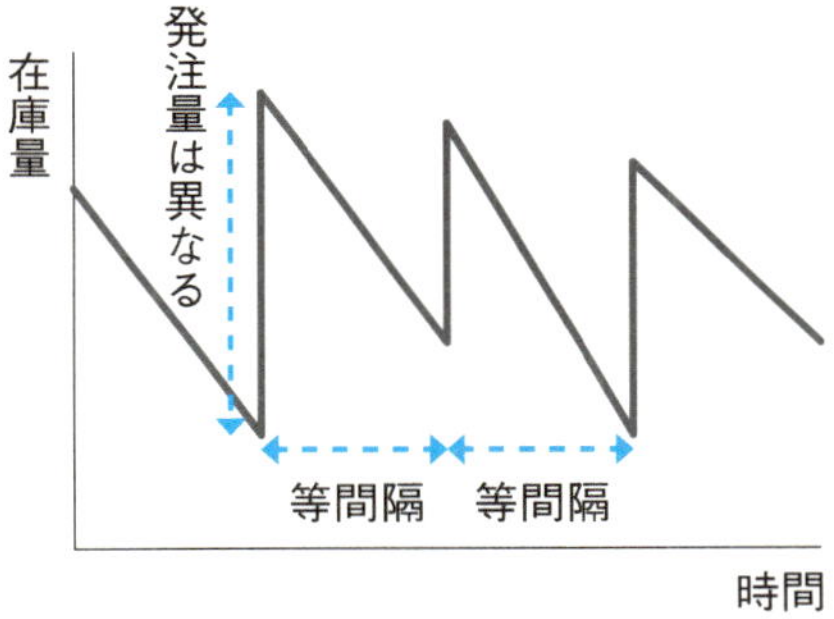

ポイント 一般的には、単価が高く、重要な品目に適用する

発注間隔 ➡ 一定

発注量 ➡ 発注ごとに異なる

● 発注量の計算式

（発注間隔＋調達期間）中の需要推定量 － 発注残 － 手持在庫量 ＋ 安全在庫量

安全在庫量：需要変動または補充期間の不確実性（不良の発生など）を吸収するために必要な在庫

品目点数と消費金額の関係は？

品目点数と消費金額の関係を調べると、面白いことにどの工場でもだいたい次のような関係になります。①品目点数の約10％が金額の75％を占める→Ａ品目に、②品目点数の約25％までで金額の96％を占める→Ａ品目を別にした残りをＢ品目に、③残る約75％の品目点数の占める割合はわずか４％→Ｃ品目とします。

「定量発注方式」とはどんなものか

定量発注方式とは、**在庫量が安全在庫を割り込みそうになるなどの、一定の水準（発注点）まで下がったときに一定量を発注**する方式で、発注点方式といいます。発注間隔は不定期であり、発注量は、このあとに説明する経済的発注量（ＥＯＱ）になります。

定量発注方式は、一般的には単価が比較的低く、一定期間の使用量のバラツキが少ない品目に適用します。

「経済的発注量」とはどんなものか

経済的発注量は、Economic Ordering Quantity の頭文字を取り、ＥＯＱとも呼ばれます。ＥＯＱは、一定期間の**発注費と在庫保管費の和（在庫総費用）を最小にする1回当たりの発注量のこと**です。経済的ロットサイズということもあります。

◆「定量発注方式」と「経済的発注量」とは

定量発注方式

在庫量が一定の水準に下がったときに、一定量を発注する在庫管理方式

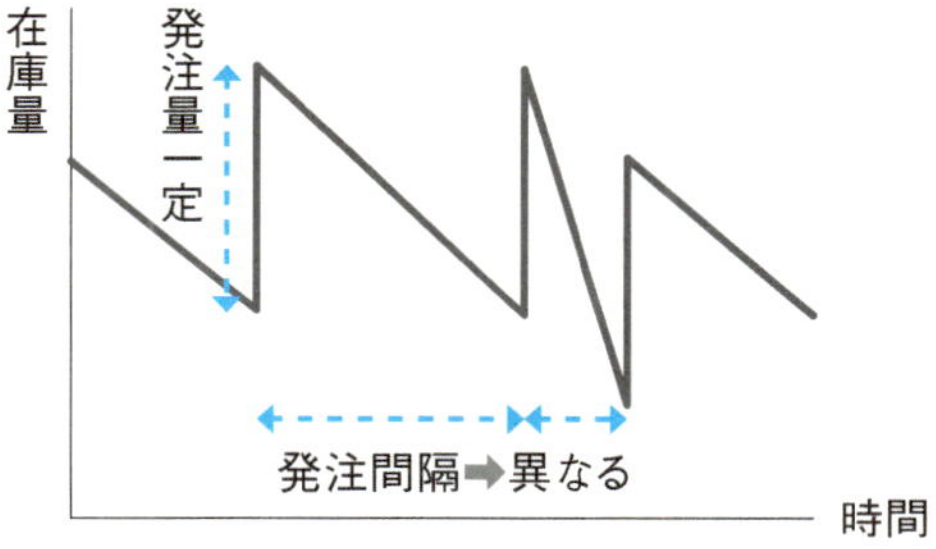

ポイント 一般的には、単価が比較的低く、一定期間の使用量のバラツキが少ない品目に適用

発注量 ➡ 一定（経済的発注量）
発注間隔 ➡ 発注ごとに異なる

経済的発注量

発注費と在庫保管費の和を最小にする発注量のこと

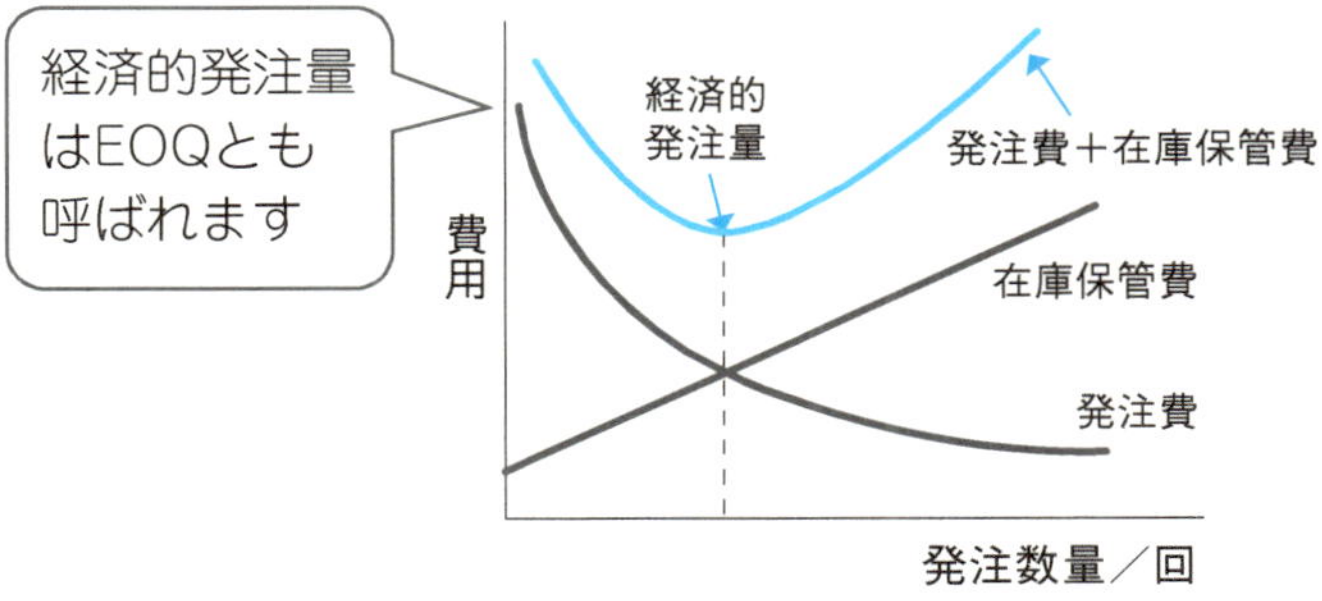

「コック方式」とは

簡易発注方式の1つに、「コック方式」があります。これは水道の蛇口のコックをひねって水道水を使う考え方から名づけられたもので、ネジなどの安価な部品が対象になります。自工場に納入されても購入したことにはならず、袋を開けた時点で購入したことになる購買方式です。「富山の薬売り」の応用例です。

「簡易発注方式」とはどんなものか？

価格が安い部品や、液体などで在庫管理がしにくい資材は、次のような簡易発注方式を採用すると正確な在庫管理が不要になり、管理の手間を省くことができます。

①ダブルビン方式

ダブルビン方式では、1品目当たり同容量の2つの入れ物を用意し、そのなかに部品をいっぱいに入れておきます。そして片方から消費していき、1つの入れ物が空になったら、もう1つの入れ物の容量を発注するという方法を取ります。

②小包法

小包法では、メインで使用する部品箱を用意しておき、その中身がなくなったら、小包を開けます。

小包のなかには、発注点に相当する在庫量が発注カードとともに入っており、小包を開けて使ったら、同封されているカードで発注を行います。発注点方式の一種です。

◆「簡易発注方式」とはどんなものか

簡易発注方式

価格が安い部品や、液体などで在庫管理がしにくい資材に採用される。正確な在庫管理が不要になり、管理の手間を省くことができる

方法1 ダブルビン方式

手順

1. 2つの入れ物を用意し、資材（部品）をいっぱいに満たす
2. 片方の入れ物の資材を使用する
3. 1つの入れ物が空になったら、もう1つの入れ物分の資材を発注する

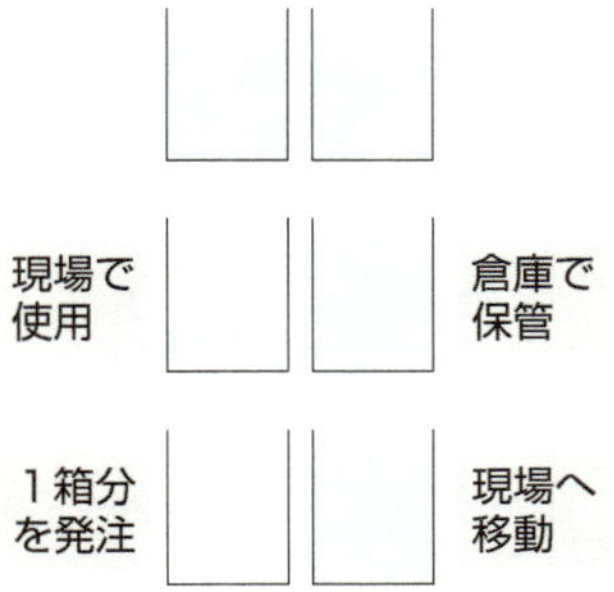

方法2 小包法

手順

1. 発注点に相当する在庫量を発注カードといっしょに小包にしておく
2. 小包を開けて使用したら、同封のカードで発注する

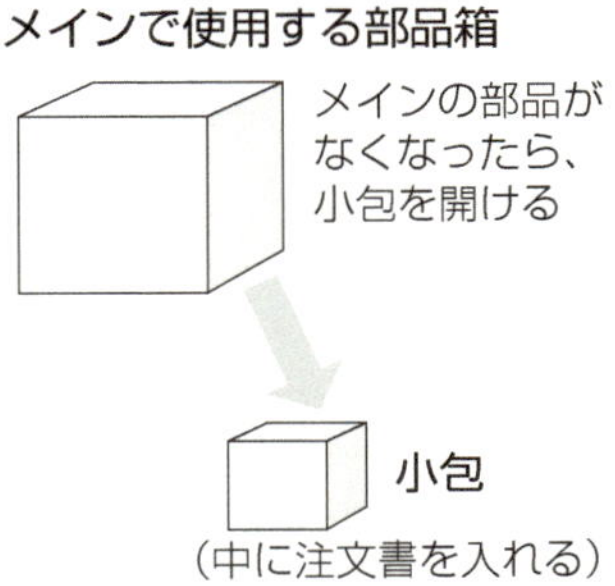

27 ＡＢＣ分析を使って重点管理をしよう

膨大な原材料・部品などの在庫品目を取り扱うときに、全部を平等に目配りすることは手間がかかり、非現実的です。そこで、重点管理をするために、行うのが「ＡＢＣ分析」です。取扱金額（消費金額、在庫金額、単価または入出品目点数）の多い順に並べて、ＡＢＣの３種類に区分します。

ＡＢＣ分析は、品質管理手法でいうと「パレート図」になります。パレート図の場合には、横軸は不良項目や不良金額になります。

ＡＢＣ分析で品目を分類したときは、一般的に**Ａランクの部品には定期発注方式**を採用します。**Ｂランクの部品には定期発注方式、または定量発注方式**を採用します。また、**Ｃランクの部品には定量発注方式、または簡易発注方式**を採用します。

◇「ABC分析」とはどのようなものか

ABC分析　多くの在庫品目を取り扱うときに、重点管理を行うための手法

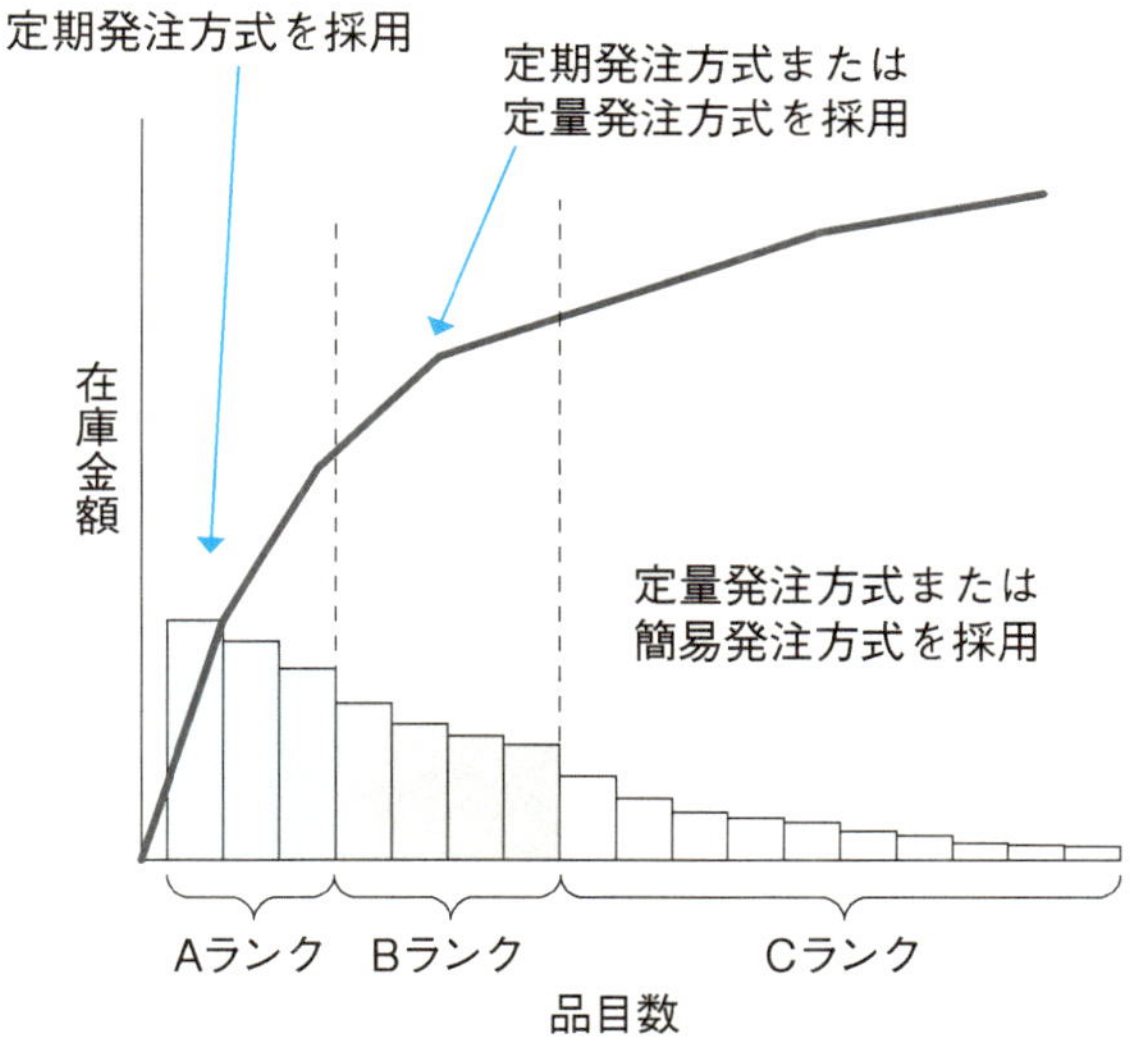

ABC分析の実施手順

1. 一定期間に使用される部品の金額を品目ごとに計算する
2. 全体に占める比率と累積比率を計算する
3. その数値をもとに、グラフを作成する
4. 数値とグラフをもとに、全品目を A、B、C に区分する

Column 5

VMI（Vendor Managed Inventory）とは何？

VMI は、Vendor Managed Inventory の頭文字を取った言葉で、日本語ではベンダー管理在庫方式やベンダー預託倉庫といいます。納入業者が購入者にかわって在庫を管理し、納入業者と購入者との間で事前に取り決めた範囲で、在庫を補給します。

たとえば富山の置き薬は、VMI の例であるといえます。これは、納入業者がさまざまな種類の薬が入った薬箱を一般家庭に置かせてもらい、購入者は使用した薬の費用だけを払うというしくみです。

VMI の購入業者側のメリットとしては、

①自社内の在庫も納入業者側の在庫になるルールなので、財務面での在庫削減になること

②在庫管理の必要がなく欠品を防げること

などがあります。

また納入業者側のメリットとしては、

①需要予測が容易になり不要な在庫をもたなくてもよいこと

②欠品の頻度を減らすことができ、顧客サービスを向上させることができる

などがあります。

第6章

生産管理の各種手法を理解しよう

28

「ＩＥ」の３つの手法を理解しよう

ＩＥは、Industrial Engineering（インダストリアル・エンジニアリング）の頭文字を取った言葉で、日本語では、経営工学、生産工学、管理工学などと訳されています。米国を中心に発展した生産性向上手法の全体的な体系をいい、人、もの、金、情報を最適に設計、運用、統制する工学的な技術・技法の体系のことです。

ＩＥの手法として、工程分析、タイム・スタディー、マン・マシン・チャートなどがあります。

「工程分析」について押さえよう

工程分析とは、材料がどのように加工されて製品になっているのかといった、

◆「IE」とはどんなものか

IE

Industrial《インダストリアル》 Engineering《エンジニアリング》

経営工学・生産工学・管理工学

人、もの、金、情報を最適に設計、運用、統制する工学的な技術・技法の体系のこと

IE の主な手法

- 工程分析
- タイム・スタディー
- マン・マシン・チャート

IE で使われる時間の単位

IE の分野で時間を測る場合、一般的には秒は使わずに、1分の100分の1の単位であるデシマル・ミニッツを使います。IE 専用の時計には秒ではなく、デシマル・ミニッツの目盛があります。秒を使うと四則演算の際に換算が必要になるので、たとえば3人の測定値の平均を取るときに不便だからです。

材料、部品、製品などのものの流れや、人がどのように作業しているかという作業の流れ、運搬過程などを系統的に調査・分析する手法のことをいいます。

工程分析を行う場合は、次ページの**ＪＩＳ Ｚ ８２０６で決められた工程図記号（加工、運搬、停滞、検査をあらわす記号）**を用います。これらを線で結んだ図表を作成して、加工や運搬といった大きな単位で流れを分析して、問題点を抽出し、改善します。

「タイム・スタディー」とは何か？

タイム・スタディーはＩＥ手法の1つで、日本語では**時間研究**といいます。

タイム・スタディーでは、作業を単位作業または要素作業に分割し、その分割した作業を行うために必要な時間を測ります。

単位作業とは、1つの作業目的を遂行する最小の作業区分であり、たとえば「部品をつかむ」といったレベルの作業です。

要素作業とは、単位作業を構成する要素であり、目的別に区分される一連の動作または作業です。たとえば「手を伸ばす」といった動作が該当します。

◆「工程分析」と「工程図記号」

工程分析

材料などが加工されて製品になるまでの流れ、作業の流れ、運搬過程などを系統的に調査・分析する手法

工程図記号

番号	要素工程	記号の名称	記号	意味
1	加　工	加　工		原料、材料、部品または製品の形状、性質に変化を与える過程をあらわす
2	運　搬	運　搬	 または 	原料、材料、部品または製品の位置に変化を与える過程をあらわす
3	停　滞	貯　蔵		原料、材料、部品または製品を計画により貯えている過程をあらわす
4		滞　留		原料、材料、部品または製品が計画に反して滞っている状態をあらわす
5	検　査	数量検査		原料、材料、部品または製品の量または個数を測って、その結果を基準と比較して差異を知る過程をあらわす
6		品質検査		原料、材料、部品または製品の品質特性を試験し、その結果を基準と比較してロットの合格、不合格または個品の良、不良を判定する過程をあらわす

レイティングで標準時間を調整

タイム・スタディーで測定した値を標準時間に使う場合、測定対象者のスキル（スピード）によって標準時間が変わると困ります。このような場合の時間調整方法としてレイティングがあります。作業者のスピードをレイティング係数で評価します。観測した値にレイティング係数を掛けたものが正味時間になります。

タイム・スタディーを行う際は、動画またはストップウォッチを用いて測定します。タイム・スタディーによって得られた測定値は、**改善案の抽出や標準時間設定の基礎データなどに用いられます。**

「マン・マシン・チャート」とは何か？

マン・マシン・チャートは、人と機械が連携して行う作業を分析する手法です。人と機械、または2人以上の人が連携して行う作業を**連合作業**といい、その協働作業の効率を高めるための分析手法として「連合作業分析」があります。マン・マシン・チャートでは、人と機械の作業内容を次の3種類に分け、分析します。

①単独作業
②お互いの関連がある連合作業
③不稼働

◆「タイム・スタディー」と「マン・マシン・チャート」とは

タイム・スタディー（時間研究）

作業を単位作業または要素作業に分けて、その作業を行うために必要な時間を測る方法

タイム・スタディーの目的
①作業改善の手がかりとする
②標準時間設定の基礎データとする

動画またはストップウォッチを用いて測定する

マン・マシン・チャート

連合作業分析を行う場合に用いる図。人と機械の関係を①単独作業、②連合作業、③不稼働の3つに分けて分析

マン・マシン・チャートの例

時間（秒）	作業者		機械	
	作業内容	種類	作業内容	種類
30	材料を取りに行く	単独作業	停止	不稼働
55	材料の取りつけ	連合作業	材料の取りつけ	連合作業
80	手待ち	不稼働	加工	単独作業
95	材料の取り外し	連合作業	材料の取り外し	連合作業
	⋮	⋮	⋮	⋮

このパートでわかること

➔ 工程分析では、JIS Z 8206で決められた工程図記号を用い、作業の流れなどを調査・分析する

29

「VE」とは何かを理解しよう

製品価値を機能とコストとの関係で把握する

「VE」とはValue Engineeringの略で、日本語では「価値工学」と訳されます。製品やサービスの価値を、それが果たすべき機能とそのために費やすコストとの関係で把握し、体系化された手法によって価値を最大化する手法です。

VEでは、

「価値＝機能／コスト」

という式で価値を定義します。そして価値を高めるために、

①機能が同じでコストを下げる

②コストが同じで機能を上げる

などの活動をします。

「VE」について押さえよう

VE（価値工学）の価値の公式

$$\text{価値 Value} = \frac{\text{機能 Function}}{\text{コスト Cost}}$$

● 価値を高めるためには

$$\text{価値}\nearrow = \frac{\text{機能}\nearrow}{\text{コスト}\searrow}$$

機能を上げてコストを下げると、価値が上がる

$$\text{価値}\nearrow = \frac{\text{機能}\nearrow}{\text{コスト}\rightarrow}$$

コストがそのままでも、機能を上げれば、価値が上がる

$$\text{価値}\nearrow = \frac{\text{機能}\rightarrow}{\text{コスト}\searrow}$$

機能はそのままでもコストを下げれば、価値が上がる

VEの歴史

VEは、1947年に米国GE社のローレンス・D・マイルズによって開発されました。日本には1950年代にVE手法が紹介され、徐々に普及しました。日本バリュー・エンジニアリング協会では、1982年から毎年優れたVE活動を行った事業部門に対して、マイルズの名前を冠したマイルズ賞を授与しています。

VEの実施ステップを見てみよう

VE活動を行う場合は、手順に沿って体系的に行う必要があります。具体的には、**①対象の選定、②機能の定義、③機能の評価、④アイデアの発想、⑤アイデアの具体化、⑥提案、⑦実施（フォローアップ）**の順に行います。

②の機能の定義の段階では、機能系統図を作成します。これは、ある目的を達成する手段を考え、さらにその手段を達成するための手段を考えることを繰り返す手法です。

④アイデアの発想の際は、ブレーンストーミングがよく用いられます。これはアイデア列挙段階では良い悪いの批判をしないで、自由にアイデアを数多く出します。また他人が出したアイデアを追加・修正して別のアイデアに変えることも有効です。

VEの実施ステップを押さえよう

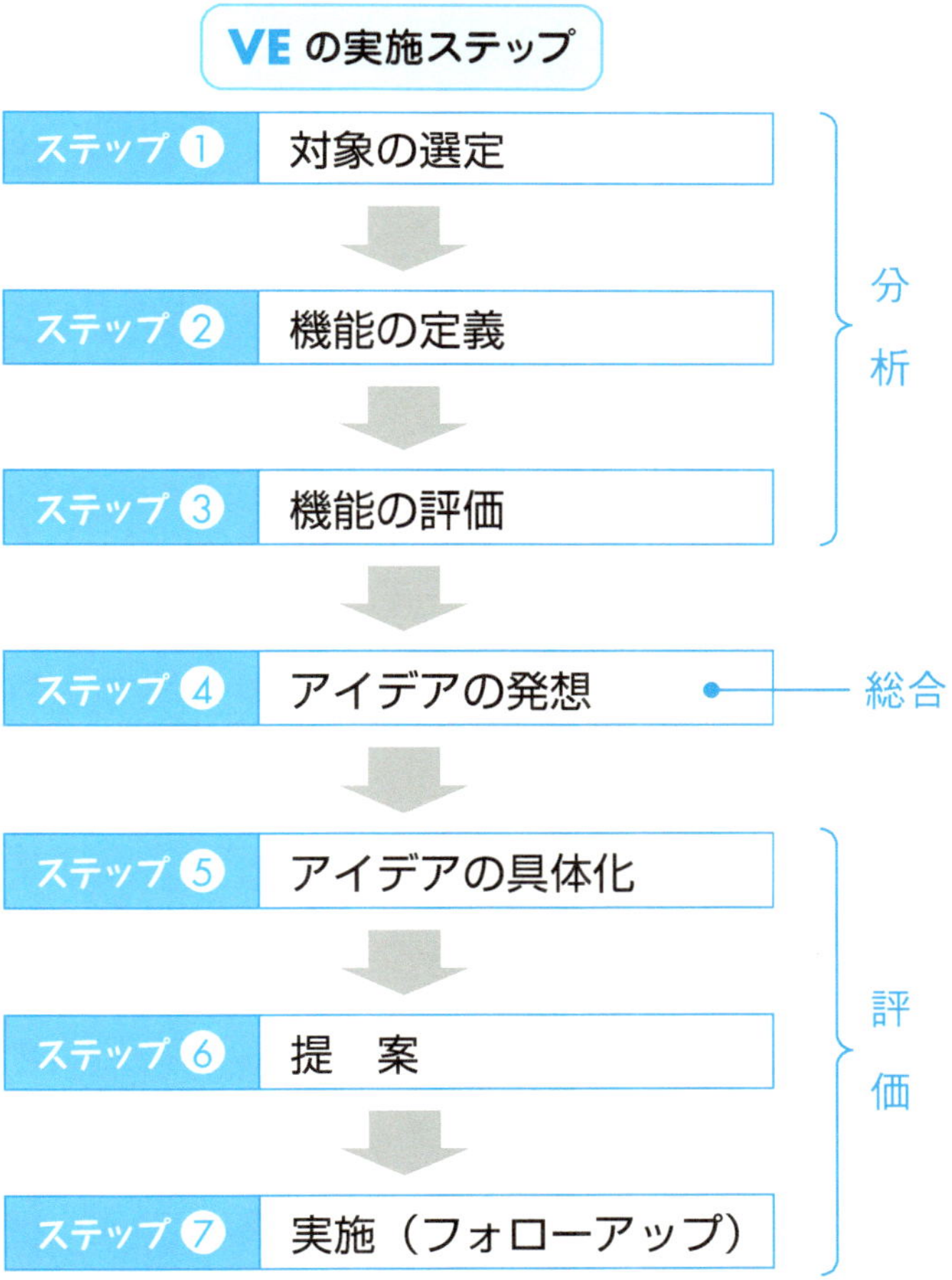

このパートでわかること

➔ 7つのステップを踏むことで製品価値を最大化することができる

30 サプライチェーンマネジメントとは

業務の全体最適化とキャッシュフローの最大化をめざす

サプライチェーンマネジメント（Supply Chain Management）は、英語の頭文字を取って、**SCM**と呼ばれることもあります。サプライチェーンマネジメントとは、原材料や部品などのサプライヤー（資材供給）、製品の組立メーカー（生産）、製品の配送を行う流通業者（流通）、販売業者（販売）などをネットワークで結んで連携し、情報をリアルタイムで共有することによって在庫コストをカットし、納期を短縮し、トータルコストを削減するしくみのことです。

サプライチェーンマネジメントの最終目標は、**顧客満足を実現**し、**部門間や企業間における業務の全体最適化をはかり、キャッシュフローを最大化**させることです。

◆「サプライチェーンマネジメント（SCM）」とは

資材供給　**生産**　**流通**　**販売**

ものまたはサービスの供給連鎖を
ネットワークで結ぶ

↓

情報をリアルタイムで共有する

↓

経営のスピードアップ・効率アップ

↓

最終目標

- 顧客満足の実現
- 業務の全体最適化
- キャッシュフローの最大化

「ECR」「QR」とは

SCMと似た考え方をもつ言葉に「ECR」と「QR」があります。ECRは、Efficient Consumer Responseの略で、主に加工食品業界で使われます。消費者の需要変化に迅速に対応する取組みです。QRはQuick Responseの略で、アパレルメーカーと量販店との間のSCMと同様の取組みをいいます。

「ブルウイップ効果」を排除しよう

サプライチェーンマネジメントを考える場合の重要な理論としてブルウイップ効果があります。英語でいうとBull Whip Effectであり、これを日本語に訳すと「牛の鞭打ち効果」となります。

ブルウイップ効果とは、小さな需要の変化が小売店、卸売店、メーカーに伝わる間に拡大される現象のことです。たとえば小売店での売上げが3％増加した場合、卸売店では、欠品を回避するためにメーカーへの注文を5％増やし、メーカーでは、過剰反応して生産量を10％増やすといった具合です。

サプライチェーンマネジメントを適切に行うことは、ブルウイップ効果を排除することにつながります。

◆「ブルウイップ効果」とは

ブルウイップ効果

需要の変化が拡大していく様子が牛の鞭を打ったときのような形であることからこの名前がついた

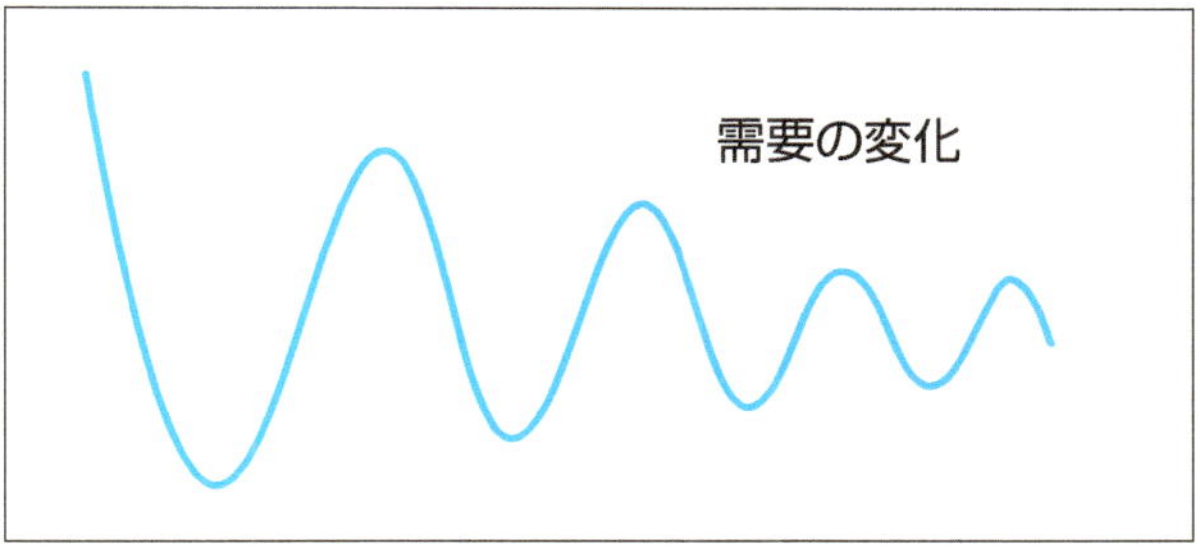

メーカー ← 卸売店 ← 小売店 ← 消費者

例

メーカー	卸売店	小売店
過剰反応して生産量を10%アップ	メーカーへの注文を５%アップ	売上げが３%アップ

サプライチェーンマネジメントを適切に行う

↓

ブルウイップ効果を排除することにつながる

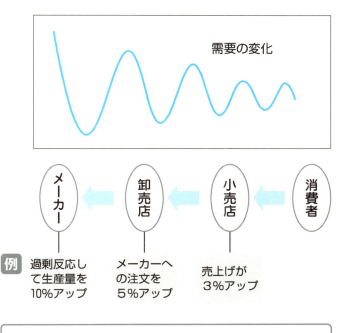

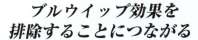

31

ＢＴＯとは何かを理解しよう

ＢＴＯは、Build to Order の略で、メーカーが部品の状態で商品をストックしておき、**顧客からの注文が入った時点で組立てを行い、出荷する**形態をいいます。ＢＴＯはパソコンメーカーで比較的多く行われており、米国のパソコンメーカーのデルがとくに有名で、「デル・モデル」という言い方もあります。

ＢＴＯはメーカー側から見ると、部品の状態で在庫をもつので、最終製品の形で在庫をもつよりも、トータルの在庫を少なくできるというメリットがあります。また受注生産なので、**需要予測の誤差がなくなります。**

顧客の側からも、ムダな仕様を省いて製品価格を安くすることができるというメリットがあります。

◆「BTO」とはどんなものか

BTO
(Build to Order)

部品の形で在庫をもち、受注後に最終部品に組み立てる形態

●デル・モデルにおけるものと情報の流れ

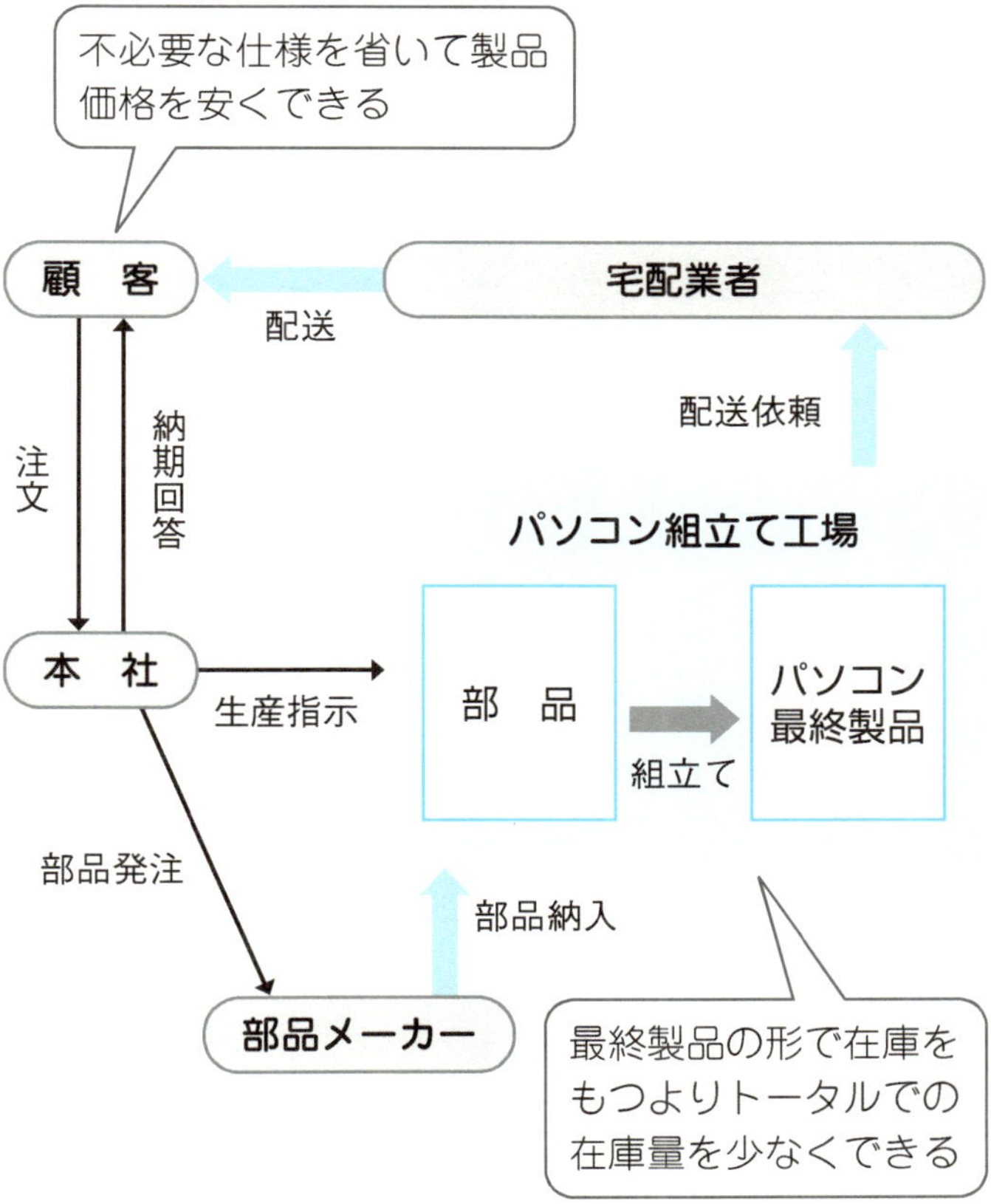

32 トヨタ生産方式を理解しよう

「ジャストインタイム」を押さえよう

ジャストインタイムはＪＩＴ（Just In Time）とも呼ばれ、トヨタ自動車で生まれた言葉ですが、世の中で広く普及しているため、ＪＩＳの生産管理用語にも入っています。ジャストインタイムとは、必要なものを、必要なときに、必要なだけ、生産する方式です。

ジャストインタイムを実現するためには、**最終組立工程の生産量を平準化すること（平準化生産）が重要**です。

後行程が使った量だけ前工程から引き取る方式を**後行程引取方式**（プルシステム）ともいいます。その方式を取ることによって、前工程がムダに製造することを防ぎ、在庫の削減や製造期間の短縮、生産性の向上をはかります。

◆ JIT（ジャストインタイム）生産方式とは

JIT（ジャストインタイム）生産方式　必要なものを、必要なときに、必要なだけ生産する方式

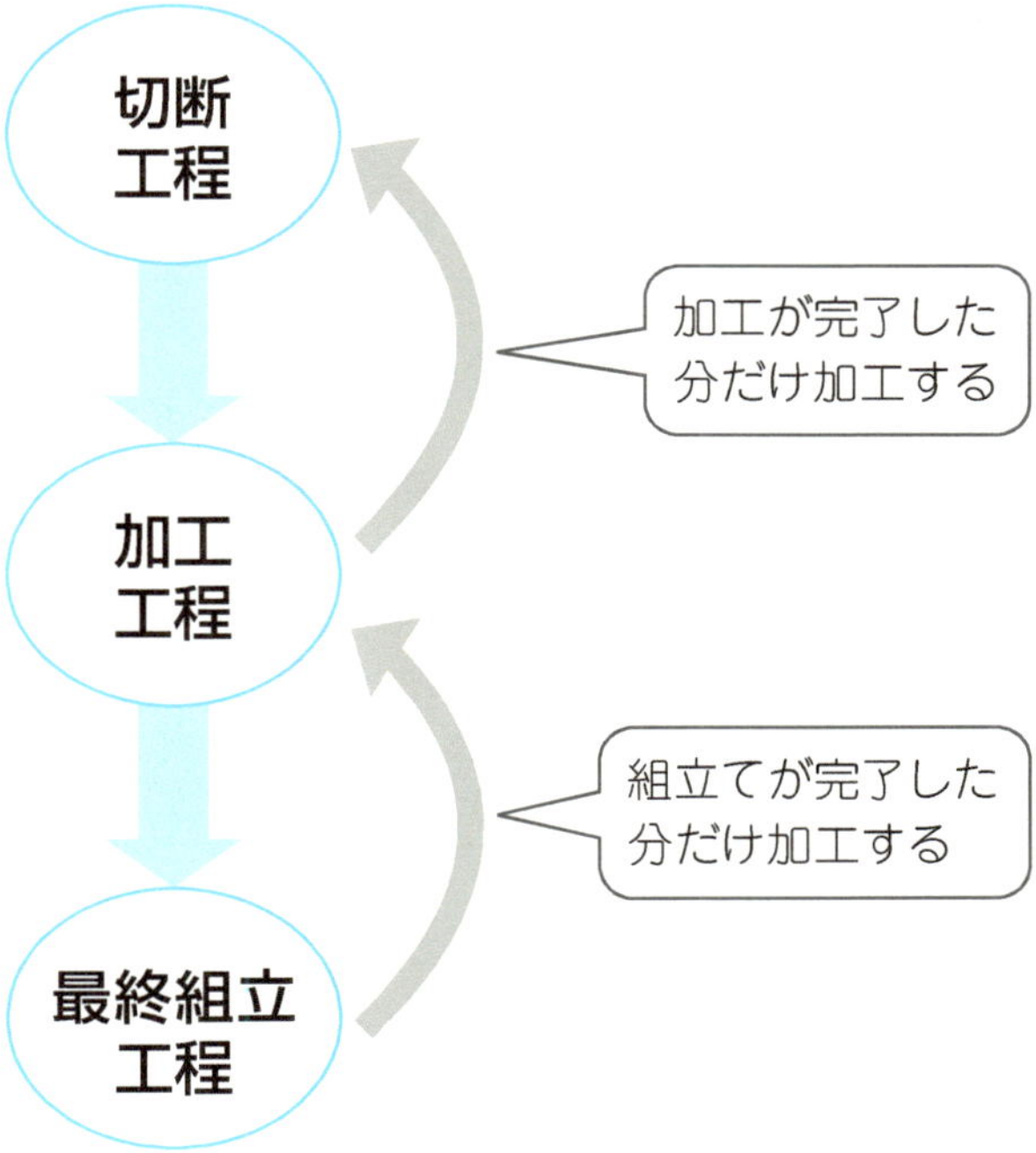
切断工程
加工工程
最終組立工程
加工が完了した分だけ加工する
組立てが完了した分だけ加工する

ポイント

- 最終組立工程での生産量を平準化すること（平準化生産）が重要
- 本質は、後行程引取方式（プルシステム）

自働化の外国語への翻訳はむずかしい

トヨタ生産方式が世界各国で普及し始めているため、自働化も各国で紹介されていますが、外国語に翻訳する場合に困ったことが起きています。英語では自動化も自働化もともにjidokaとなり区別がむずかしいのです。また「働」の漢字は日本でつくられた漢字なので、中国でも「自働化」は意味が通じません。

「ニンベンのついた自働化」とは

世の中で一般的に使われている自動化は異常が発生したときでも、人がスイッチを切らないと動き続けます。

しかし、トヨタ生産方式ではニンベンのついた自働化という言葉が使われます。自働化の機械には、異常が発生したときに**機械自身が異常を判断して自動的に止まる**しくみがあります。

また、**誰が見ても異常がすぐにわかる**ような異常の検知機能があるものです。

自働化によって不良品をつくり続けることを回避することができ、結果的に省人化にもつながります。

自働化は加工部門だけでなく、組立部門にも応用することができます。作業標準とは違うことが発生した場合に、ライン作業者が自らラインをストップさせて不良品の発生を防ぐしくみです。これを「もう1つの自働化」と呼びます。

◆トヨタ生産方式の２本柱とは

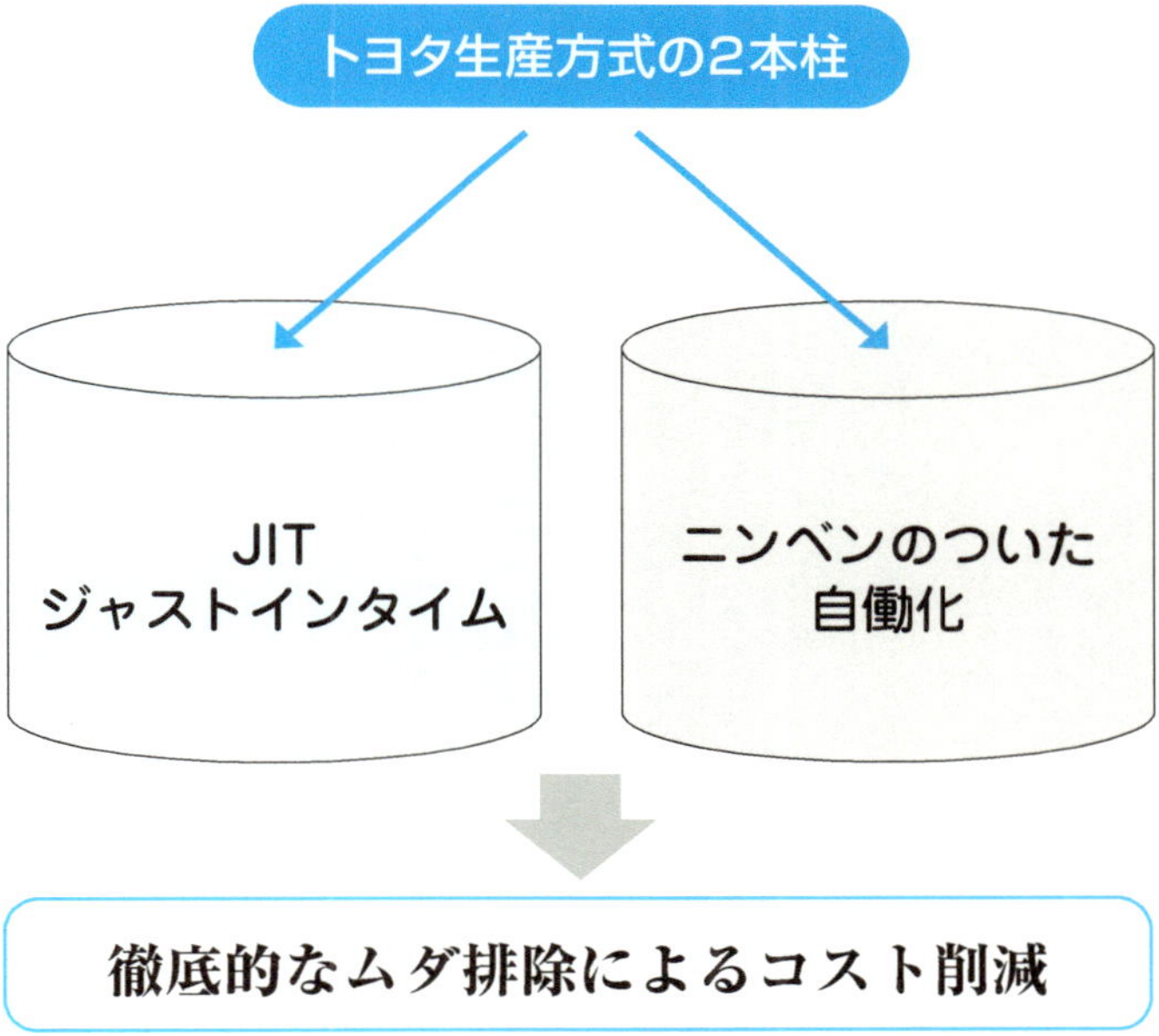

ニンベンのついた自働化

メリット

1. 異常が発生したときに機械自身が判断して止まる
2. 不良を出さず、機械・型・治工具を破損しない
3. 省人化が可能になる

このパートでわかること

➔「ジャストインタイム」と「ニンベンのついた自働化」がトヨタ生産方式の２本柱

33

「かんばん方式」を理解しよう

「かんばん」とはどのようなものか

かんばんはトヨタ自動車の元副社長の大野《おおの》耐一《たいいち》氏が中心になって考案、普及させたしくみですが、世の中で一般的に普及しているので、ＪＩＳの生産管理用語のなかにも入っています。

かんばん方式では、「かんばん」と呼ばれる情報伝達ツールを使って、後工程引取方式を実施します。その際に使われるのが、後工程から前工程に対して生産を指示するための「生産指示かんばん」と、運搬を指示するための「引取りかんばん」の2種類です。

ここでいう「**生産指示かんばん**」とは、一般の工程管理でいうと「現品票」と「作業指示票」の役割をし、「**引取りかんばん**」は「現品票」と「移動票」

◆「かんばん方式」とはどのようなものか

かんばん方式

かんばんと呼ばれる情報伝達ツールを使って、後工程から前工程に生産指示、運搬指示をするしくみ

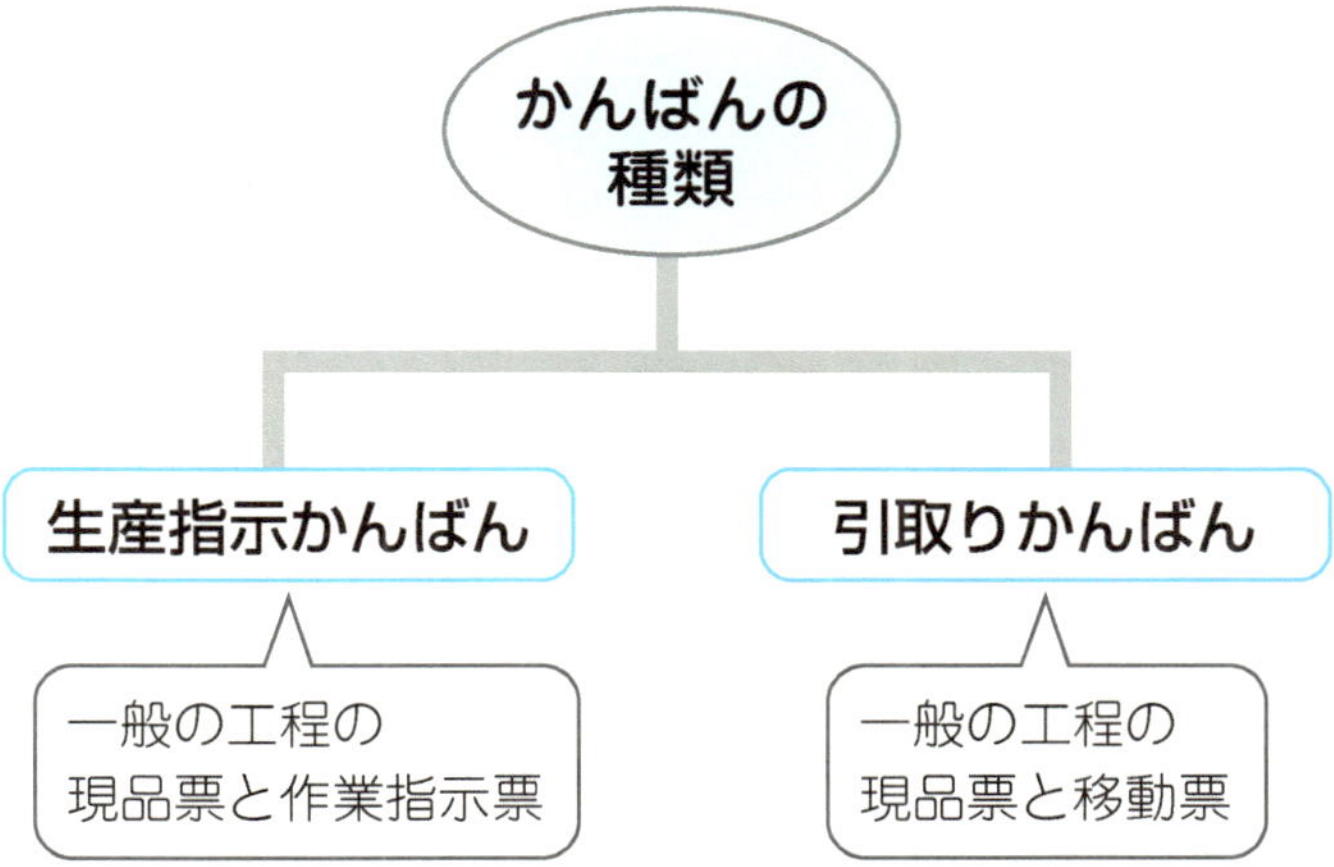

●かんばんの例

納入指示かんばん			
部　番			
AXV－９６１７２			
部品名称	右軸受け		
取 引 先	ABC工業㈱		
荷　　姿	ST961	発注サイクル	1回／日
収 容 数	50個／箱	発行枚数	5／10

「TOC（制約条件の理論）」とは

最近、注目されている理論に、TOC（Theory of Constraints：制約条件の理論）があります。これは、イスラエルの物理学者であるエリヤフ・ゴールドラット博士が提唱した生産改善の理論体系で、工場内のボトルネック工程の稼働率を向上させることによって、工場全体の生産性を向上させようというものです。

の役割をしています。

かんばん運用のルールを押さえよう

かんばんは、次のようなルールで運用します。

①原則として後工程が引取りに行く
②現物には必ずかんばんをつける
③かんばんの外れた分だけ前工程は生産する
④生産を平準化する

具体的な手順としては次のようになります。

①後工程から引取りかんばんと空箱をもって、前工程に行く
②持参した引取りかんばんと同数の部品を引き取る
③部品箱についている生産指示かんばんを外し、かんばん引取りポストに入れる
④前工程は生産指示かんばんによって生産する

◆ かんばん運用の手順と２種類のかんばん・部品の流れ

▶ かんばん運用の具体的な手順

ステップ①	後工程から引取りかんばんと空箱をもって、前工程に行く
ステップ②	持参した引取りかんばんと同数の部品を引き取る
ステップ③	部品箱についている生産指示かんばんを外し、かんばん引取りポストに入れる
ステップ④	前工程は生産指示かんばんによって生産する

▶ ２種類のかんばんと部品の流れ

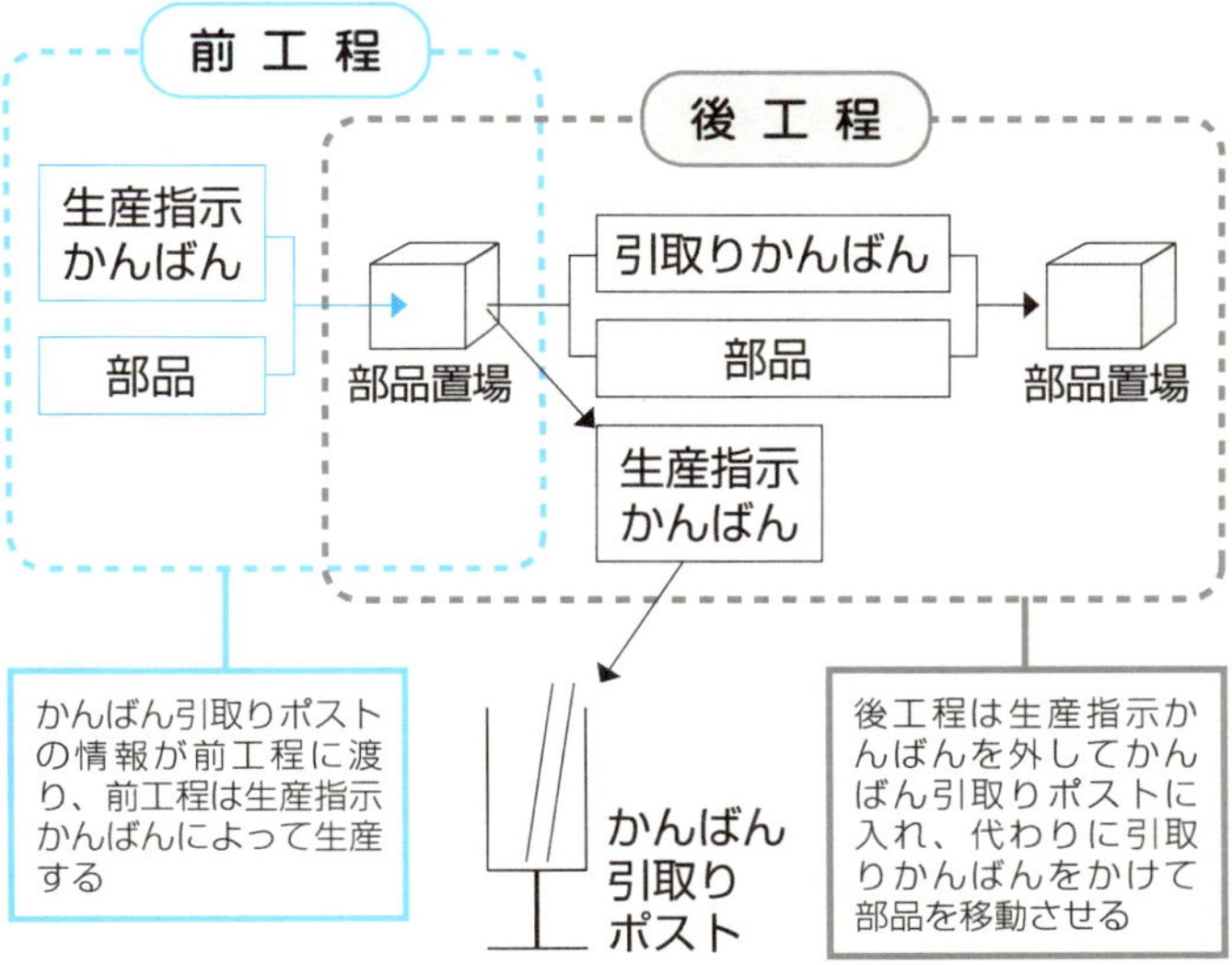

34 グループテクノロジーとは何か

グループテクノロジーは、英語の Group Technology の頭文字を取ってGTとも呼ばれます。

グループテクノロジーとは、多種類の部品を、その**形状**、**寸法**、**素材**、**工程**、**作業方法**などに着眼して分類し、類似部品として1つのグループにまとめて、できる限り標準化を進めることによって、工程編成、ロット編成、作業スケジュール編成を合理化し、量産工場に負けない効率を実現しようという考え方です。作業の標準化を行う場合には、主に作業方法によってグループ化します。

多品種少量生産の場合には、同じようなものを一括生産するケースとくらべて生産効率が落ちてしまう場合が多いので、**生産効率をアップさせる目的で**、グループテクノロジーは生まれました。

「グループテクノロジー」とはどんなものか？

グループテクノロジー
GT(Group Technology)

類似部品を１つのグループにまとめて標準化を進めることにより、多品種少量生産の生産効率を上げる管理手法

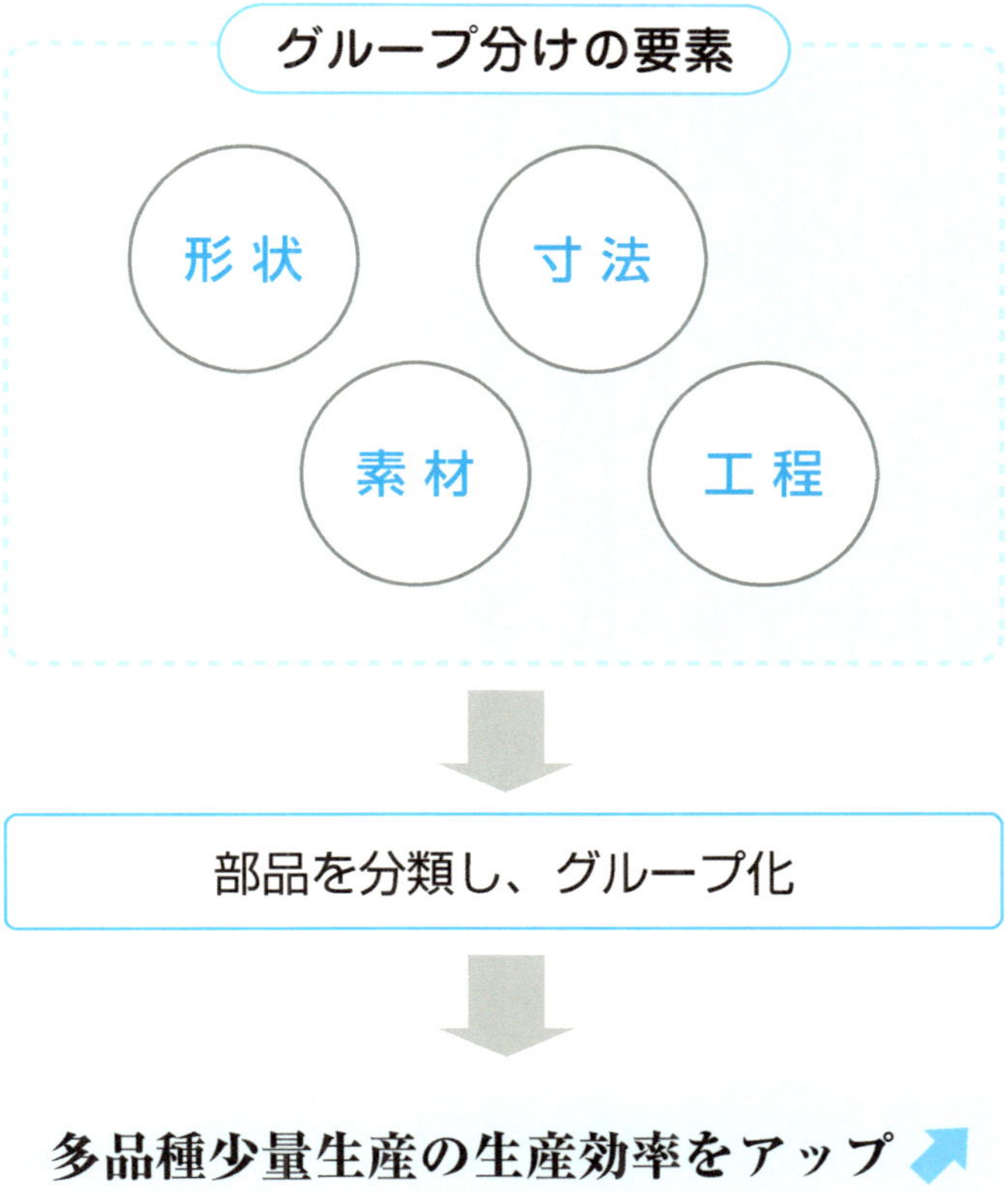

「コンカレント・エンジニアリング」とは

設計部門と生産部門との間の効率を上げる手法としてコンカレント・エンジニアリングがあります。

コンカレントとは、同時に発生するという意味です。

コンカレント・エンジニアリングは、設計や製造を同時進行的に行うアプローチであり、コストや品質などを設計者が最初から考慮するねらいがあります。

グループテクノロジーのメリットは？

グループテクノロジーを導入するメリットは次のとおりです。

①製造部門

グループテクノロジーによって部品の共通化が促進され、治工具の共通化、稼働率の向上、段取回数の削減、仕掛品の削減などが実現し、最終的にコストダウンにつながります。

製造部門でのレイアウトを考える場合には、製品を寸法、形状などの類似性によって分類し、そのグループごとに機械設備を配置するレイアウト方法があります。これを**ＧＴ配置**と呼びます。

②設計部門

設計部門では図面をグループ化して管理することによって、図面の検索が容易になります。また、新製品設計の際に既存図面のわずかの修正で対応できるようになります。とくに昨今は、ＣＡＤの普及によって部品設計を効率化する動きが加速しているため、部品の共通部分をそのまま使用できるグループテクノロジーの有効性が増しています。

◆ グループテクノロジーのメリット

製造部門

- 治工具の共通化
- 稼働率の向上
- 段取回数の削減
- 仕掛品の削減

設計部門

- 図面の検索が容易になる

GT配置とは

製品を寸法、形状などの類似性によって分類し、そのグループごとに機械設備を配置するレイアウト方法

このパートでわかること

➔ グループテクノロジーとは、部品の標準化を進めることで量産工場に負けない効率を実現する考え方

35 セル生産とは何かを理解しよう

セル生産は一般的には以下のような内容で理解されています。

「一人ないし数人の作業者がひとつの製品をつくり上げる自己完結性の高い生産方式」（『セル生産システム』岩室宏著：日刊工業新聞社発行より引用）。

よく雑誌や新聞などで、１人で製品すべてを組み立てる「１人完結型セル生産」が話題になりますが、実際には、次のようにさまざまなセル生産があります。

それぞれの特徴やメリット・デメリットを考慮して**最適なセル生産を実施**することが大切です。

①１人完結型セル生産（屋台方式）
②巡回方式（うさぎ追い方式）

◆ セル生産の種類と内容

セル生産

1人ないし数人の作業者が1つの製品をつくり上げる自己完結性の高い生産方式

● セル生産の種類

1人完結型セル生産（屋台方式）

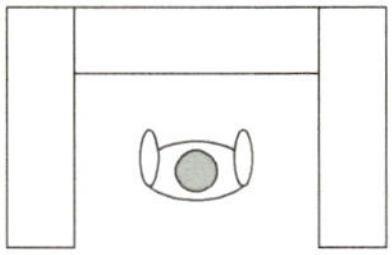

レイアウトの自由度が高い

巡回方式（うさぎ追い方式）

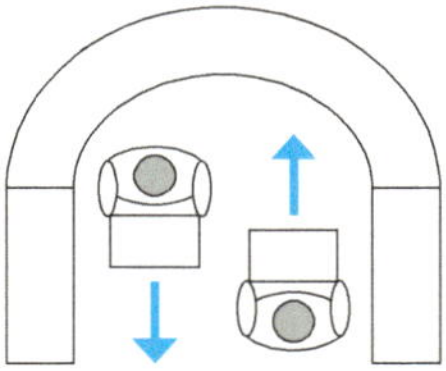

歩きながら1人で生産を完結させる

U字ラインによるセル生産

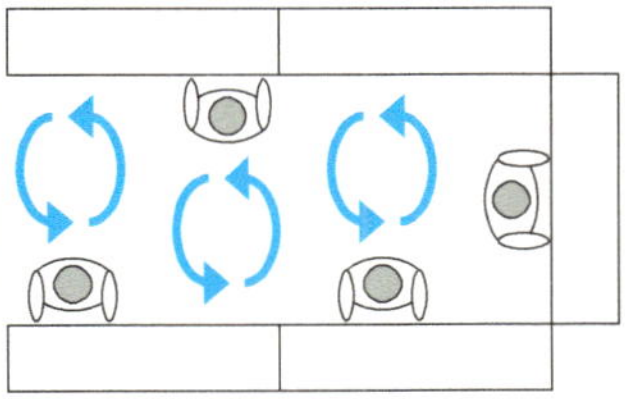

作業者が振り向くことにより、複数の工程を担当する

分割方式のセル生産

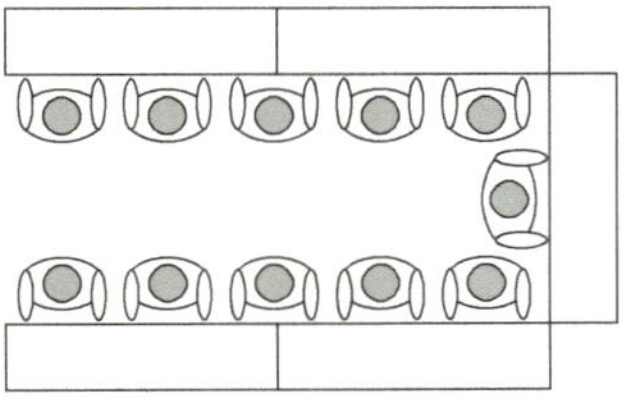

モーター駆動のベルトコンベアを使わず、手渡しする

「からくり改善」を行おう

セル生産を行うと治工具や検査器具の数が増え、これまでよりも圧倒的に安く小さい治工具類をつくるニーズが発生します。このニーズに応える手段がからくり改善です。これは江戸時代のからくり人形を手本にして、電気やモーターを極力使わず、重力やテコの原理などを最大限に活用する改善手法です。

③U字ラインによるセル生産
④分割方式のセル生産

セル生産のメリット・デメリットとは

セル生産のメリットには、一般的に次のようなものがあります。
①ライン作業のバランスロスが少なくなり、生産性が上がる
②残業・休日出勤の際に、柔軟に対応できる
③生産計画変更の際に、レイアウト変更の自由度が高い
④在庫が削減できる

一方セル生産のデメリットとしては、次のようなものがあります。
①作業者が習熟するまでに時間がかかる
②治工具、検査器具の数が増える
③作業者の技量やモチベーションに大きく作用される

セル生産を導入した企業は数多くありますが、適切にセル生産を導入した場合は、**デメリットよりもメリットのほうがかなり大きいといわれています。**

◆ セル生産のメリットとデメリット

セル生産のメリット・デメリット

メリット

1. ライン作業のバランスロスが少なくなり、生産性が上がる
2. 残業・休日出勤の際に、柔軟に対応できる
3. 生産計画変更の際に、レイアウト変更の自由度が高い
4. 在庫が削減できる

デメリット

1. 時間がかかる
2. 治工具、検査器具の数が増える
3. 作業者の技量やモチベーションに大きく作用される

適切な準備のもとで導入すればメリットのほうがかなり大きくなります

36

ＩｏＴ（Internet of Things）の生産分野への応用

ＩｏＴ（Internet of Things）は、最近日本でも世界でも大きなブームになっている概念で、日本語でいうと、モノのインターネットとなります。多様かつ多数の物がインターネットに接続されて、大量の情報を効果的に処理して有益に活用されることです。ＩｏＴは医療、農業、交通システムなどにも応用されていますが生産分野でも応用されています。

工場内で、ＩｏＴを活用する場合は、次のような例が一般的に行われています。①工場内のエネルギー使用量の見える化、②工場内の生産設備の稼働状況の監視、③生産設備の異常と故障の監視。

ＩｏＴは手段にすぎないので、ＩｏＴを行うことによってどのようなことを最終目的にしたいのかを最初に考えることが重要です。

◇ 工場内のIoT実施のステップ

情報収集
（リアルタイム・デジタルデータ）

使用する機器

センサーや監視カメラ

↓

情報の蓄積、データ解析

使用する手法

統計学、多変量解析
データマイニング、人工知能（AI）、ビッグデータ分析

↓

処理、制御

生産分野での応用例：

❶ 工場内の電力、ガス、水道などのエネルギー使用量の見える化

❷ 工場内の生産設備の稼働状況（電源停止、不稼働、稼働）の監視

❸ 生産設備の異常と故障の監視（機種ごとの故障率、修理の必要性）

↓

最終目的

❶ 工場のコスト低減

❷ 設備稼働率の向上、生産性の向上

❸ 設備保全の効率化、予防保全の効率化

→ **企業の利益の増加**

37

３Ｄプリンターの生産分野への応用

３Ｄプリンターは、３Ｄ－ＣＡＤで作成したデータをもとにして、薄く切った2次元の層を1枚ずつ積み重ねていくことによって、立体物をつくるプリンターのことをいいます。

３Ｄプリンターの原料は樹脂だけでなく金属の粉末もあるので、成型物はプラスチックだけでなく、金属製もあります。

３Ｄプリンターが普及しはじめた２０００年代半ばまでは数百万円はしましたが、今では数万円から数十万円で買えるものもあります。

製造業では、製品設計、試作、型製作、治具製作のそれぞれの段階で３Ｄプリンターを活用でき、コストダウンや生産リードタイムの短縮に大きな効果を上げています。

◆ 製造業における３Ｄプリンターの活用例

工　程	具体的な内容とメリット
製品設計	複数の部品を組み付けた場合に部品が干渉しないかどうかをチェックする場合に、３Ｄプリンターで部品の試作品を作れば、実際に手で確認しながら組み付け容易性などを確認できます。
試作	新製品（金属製品）の試作品は、従来は金属加工機械を使って１～２週間かけて製作する場合が多かったのですが、３Ｄプリンターを使えば、数日で完成できる場合があります。
型製作	プラスチック部品の製造のための金型は、従来は金属加工機械を使って製作し、数十万円以上かかる場合が多かったのですが、３Ｄプリンターによって、大幅なコスト削減ができます。
治具製作	組立工程で部品の組み付けを容易にするための治具は、従来は金属加工機械を使う場合が多かったのですが、３Ｄプリンターによって、複雑な形状の治具でも短期間で製作できるようになります。

田島　悟（たじま　さとる）

中小企業診断士。ブレークスルー株式会社代表取締役社長。早稲田大学講師。東洋大学大学院 経営学研究科中小企業診断士登録養成コース講師。通訳案内士（英語）。独立行政法人　国際協力機構（JICA）専門家。海外産業人材育成協会（HIDA）専門家。アジア生産性機構（APO）専門家。

1982年、早稲田大学理工学部を卒業、同年キヤノン株式会社に入社。生産管理、本社生産企画センター、研修部門講師などを経て2007年同社を退社。

2008年ブレークスルー株式会社を設立、代表取締役に就任。以来、国内外のコンサルティングや研修等に従事。

Eメール: satoru.tajima@nifty.com

[ポイント図解《ずかい》]生産管理《せいさんかんり》の基本《きほん》が面白《おもしろ》いほどわかる本《ほん》

2017年11月16日　初版発行
2025年 5 月10日　10版発行

著者／田島《たじま》 悟《さとる》

発行者／山下直久

発行／株式会社KADOKAWA
〒102-8177　東京都千代田区富士見2-13-3
電話 0570-002-301（ナビダイヤル）

印刷所／株式会社KADOKAWA

製本所／株式会社KADOKAWA

●お問い合わせ
https://www.kadokawa.co.jp/（「お問い合わせ」へお進みください）
※内容によっては、お答えできない場合があります。
※サポートは日本国内のみとさせていただきます。
※Japanese text only

定価はカバーに表示してあります。

ISBN 978-4-04-602097-0　C0030

◆◇◇